인구와 성장

황진영 지음

Σ 시그마프레스

인구와 성장

발행일 | 2025년 2월 5일 1쇄 발행

저 자 | 황진영
발행인 | 강학경
발행처 | ㈜시그마프레스
디자인 | 이종연, 우주연, 김은경
편 집 | 김은실, 이지선
마케팅 | 문정현, 송치헌, 김성옥, 최성복

등록번호 | 제10-2642호
주소 | 서울특별시 영등포구 양평로 22길 21 선유도코오롱디지털타워 A401~402호
전자우편 | sigma@spress.co.kr
홈페이지 | http://www.sigmapress.co.kr
전화 | (02)323-4845, (02)2062-5184~8
팩스 | (02)323-4197

ISBN | 979-11-6226-486-7

머리말 | 인구와 성장

오늘날 우리는 인류 역사에서 한 번도 경험하지 못한 인구 감소 시대에 살아가고 있다. 출산율 감소와 고령화 진전은 전 세계의 두드러진 추세이며, 우리에게 이미 친숙한 용어가 되었다. 우리는 현시점에서 저출산과 고령화를 해결하거나 극복해야 할 문제로 인식하기보다 어떻게 경제사회 구조를 저출산과 고령화에 상응해 조정해야 할지 고민해야 한다. 엄청난 양의 선행연구는 시대적 상황을 반영해 저출산과 고령화로 인한 인구(구조)의 변동이 경제사회 구조와 장기적인 경제성과에 어떤 영향을 미칠지를 발표하였다.

이 책은 저출산과 고령화가 거시적 경제성과와 어떻게 관련되는지 분석한 선행연구 결과를 바탕으로 인구(구조)와 경제성장 간의 관계에 관한 여러 경제이론을 소개하고, 이를 바탕으로 우리나라가 안정적인 경제성장을 유지하기 위해 현시점에서 준비해야 할 사항들을 제시한다. 즉 이 책의 목적은 인구규모(인구수), 인구증가율 및 인구구조의 변동이 소득수준이나 경제성장과 어떻게 관련되는지 제시한 선행연구 결과의 요약과 함께 인구(구조)의 변동으로 향후 우리가 직면할 문제점들에 대한 적절한 대응 방안을 제공하는 데 있다.

구체적으로 이 책은 총 5개의 장으로 구성되어 있다. 제1장은 인구와 경제활동 간의 상호작용에 관한 새로운 학문 분야인 경제인구학(economic demography)의 등장과 정의 및 주요 내용들을 소개한다. 또한 제1장에서는 역사적 자료를 바탕으로 세계와 우리나라 인구의 추이를 살펴보고, 국제연합(UN)과 통계청이 제시한 미래의 인구 전망을 검토한다. 제2장은 인구규모, 인구증가율 및 인구구조 변동이 경제성장에 미치는 영향을 맬서스 경제(Malthusian economy), 솔로우 모형(Solow model) 및 인적자본이론(human capital theory)에 기초해 설명한다. 또한 제2장에서는 인구 감소 시대에 지속적이고 안정적인 경제성장을 달성하기 위한 방안을 제시한다.

　제3장은 세계 전체와 우리나라 자료를 바탕으로 출산율과 사망률이 시계열적으로 감소하는 인구학적 천이와 인구구조 변동의 진행 과정을 살펴본다. 또한 제3장에서는 인구구조의 변동, 경제성장 및 경기변동 간의 실증적 관련성을 선행연구에 기초해 설명한다. 제4장은 출산의 결정요인 및 출산과 성장 간의 관련성에 관한 경제학적 논의를 요약하고, 저출산 시대에 안정적인 성장을 위해 준비해야 할 사항들과 출산율 반등을 위해 요구되는 조건들을 검토한다. 마지막으로 제5장은 인구 고령화가 거시경제와 경제성장에 미치는 영향을 살펴보고, 생산가능인구의 감소 시대에 우리가 대응할 방안과 이를 실행하는 데 따른 현실적인 제약(한계점)을 제시한다.

　아무쪼록 저자는 이 책이 '인구와 성장' 간의 관계에 관해 관심이 있는 독자들에게 조금이라도 도움이 되길 기대한다. 이 책의 미흡하거나 잘못된 부분은 전적으로 저자의 능력 부족과 게으름에 기인하며, 독자 여러분의 친절한 조언과 저자의 지속적인 노력으로 보완할 것을 약속한다. 이 책은 많은 분의 도움이 있었기에 완성될 수 있었다. 아름다운 기억을 잃어가는 어머니와 하늘에 계신 아버지의 은혜와 사랑은 저자가 사고할 수 있는 영역을 넘어서지만, 고마움과 그리움을 어떻겠든 표현하고자 한다. 또한 저자는 미흡하고 옹졸함으로 세상의 따뜻함을 늦게서야 깨닫게 해준 많은 가족, 형제, 친지들께 감사드린다. 마지막으로 저자의 지적 생산은 준호와 동현의 삶에 큰 영향을 받으며, 저자는 그들의 존재에 무한히 감사할 뿐 아니라 멋진 삶을 살아가길 응원한다.

2024년 무더운 가을, 도안에서
황 진 영

CONTENTS | 인구와 성장

제 1 장

경제인구학과 인구의 변천

이 장은 인구가 소득수준이나 경제성장과 어떻게 관련되는지 규명하기 이전에 알아두어야 할 경제인구학의 기초 내용을 설명하고, 다양한 역사적 자료를 바탕으로 인구규모와 인구증가율의 변천을 살펴본다. 제1절은 인구와 경제활동 간의 상호작용에 관한 학문 분야인 경제인구학을 소개한다. 제2절은 세계 인구의 역사적 추이를 선행연구 결과에 기초해 살펴보고, 오늘날 세계의 인구규모와 인구증가율 자료를 확인한다. 제3절은 우리나라 인구변천의 역사적 자료와 1960년 이후의 인구규모, 인구증가율 및 (순)이주 현황과 추이를 검토한다. 제4절은 국제연합(UN)과 통계청이 제공하는 인구규모와 인구증가율에 대한 추계를 이용해 앞으로의 세계 인구 및 우리나라 인구의 전망을 제공한다.

1 경제학과 인구학

생산요소(factors of production)는 "상품과 서비스의 생산과정에 투입하는 자원으로 노동·자본·토지 등"을 의미한다. 특히 노동(labor)은 "자연이 인간에게 부여한 것으로 인간의 육체·정신의 제반 활동을 의미하며, 생산과정에서 반드시 요구되는 주요한 생산요소" 중 하나이다. 전통적인 경제학에서는 인구(population), 즉 "특정 국가나 지역에 거주하는 사람의 수"가 그 국가나 지역의 생산활동을 위한 노동의 정도 혹은 노동력(labor force)을 결정한다고 설명한다. 인구는 외생적으로 주어지는 것으로 오랜 기간 간주하였지만, 경제인구학(economic demography)이 태동한 이후에는 인구의 규모나 구성 및 질적 수준 등이 내생적으로 결정될 수 있다는 이론이 전개되었다.

🖐 경제인구학의 등장과 정의

Gary Stanley Becker(1930~2014)는 1950년대 후반부터 전통적인 경제학에서 다루지 않았던 인간 행동·사회현상 등에 관한 경제학적 연구 분야를 개척한 공로로 1992년에 노벨 경제학상을 수상하였다. 그는 경제학의 원리를 사회학·인구학·범죄학 등 다양한 분야에 적용하여 경제학의 연구 범위를 국가의 활동에서 개인의 행위로 확대하였다.[1] 우리는 경제학적 방법론을 인구학에 적용해 만든 연구 분야를 경제인구학으로 부른다. 즉 경제인구학은 "경제학(economics)과 인구통계학(demography)의[2] 공통분모인 인구(구조)와 경제활동 간의 상호작용에 관해 설명하는 학문 분야"이다.

경제학은 이익과 비용의 물질적 상충관계를 설명하는 학문이며, 인구통계학은 출산과 사망, 결혼과 이혼, 인구구성 및 이주 간의 상호작용을 통해 인구가 어떻게 변동하는지에 관한 통계적 연구 영역이다. 즉 인간의 다양한 경제활동은 소득수준이나 삶의 질 등의 변동을 통해 인구통계를 결정하는 원인으로 작용하며, 인구통계는 인구구조의 변화, 이주의 흐름, 출산 주기의 변화 등을 통해 경제와 사회에 영향을 미친다. 따라서 우리는 경제인구학을 "출산·사망·가족·결혼·이혼·위치(도시화, 이주 및 인구밀도)·연령·성별·민족·인구규모·인구증가율·인구구조 등 다양한 인구통계학적 변

---

[1] Gary Becker는 경제학의 원리를 가족관계·인종 차별·마약 중독·범죄 등 다양한 분야에 적용하였다. 우리는 경제학이 다양한 영역(분야)으로 확대되는 현상을 종종 경제학 제국주의 (economics imperialism)로 표현한다.

[2] 인구통계학, 즉 demography의 어원은 고대 그리스어로 사람 혹은 사회를 나타내는 dêmos와 글·그림·도표를 이용한 기술 혹은 설명을 의미하는 graphía에서 유래하였다(위키백과, https://ko.wikipedia.org).

화의 원인과 결과를 경제학 원리의 관점에서 조사하고 분석하는 연구 분야"로 정의할 수 있다.

🖃 인구에 대한 경제학의 관심

이 책에서는 경제인구학의 다양한 내용 중에서 소득수준이나 경제성장과 직접적인 영향을 주고받는 주요 개념들을 중심으로 소개한다. 18세기 후반에 발발한 산업혁명 이전에는 소득 상승이 거의 없었으므로, 인류는 인구규모(인구의 크기)를 줄여야 풍요롭게 살 수 있다고 믿었다. 이 점은 다음 장에서 Thomas Robert Malthus(1766~1834)의 유명한 저서인 『인구론』(*An Essay on the Principal of Population*)(1798)의 내용을 중심으로 살펴본다.

그러나 19세기 산업화 이후에는 급격한 인구증가와 소득 상승이 동시에 나타나면서 인구에 대한 경제학의 관심이 인구증가율로 이동하였다. 인구증가율이 경제성장에 미치는 영향은 다음 장에서 솔로우 모형(Solow model, 1956)에 기초해 설명한다. 1950년대 후반 이후 많은 산업화된 국가에서는 출산율 하락으로 전체 인구 대비 유소년층 인구 비율이 줄어들고 출생 시 기대여명(생존 연령)의 상승으로 고령층 인구 비율이 증가하는 인구구조의 변화를 경험하였으며, 이러한 현상은 21세기 이후 개발도상국을 포함한 지구상의 대부분 국가로 확대되었다.[3]

인구규모, 인구증가율 및 인구구조의 변동은 상호 연관되어 있지만, 항상 동일한 방향으로 움직이지 않았다. 예를 들어 인구규모의 증가가 경제

---

[3] 우리는 세계 및 우리나라 인구구조 변동의 자료 및 논의를 제3장에서 제시한다.

의 총공급(aggregate supply) 능력을 증가시키지만, 고령층 인구비율의 증가와 같은 인구구조의 변동이 생겨날 때는 생산가능인구가 감소할 수 있다. 생산가능인구의 감소는 사회 전반의 경제활동을 위축시켜 경제성장의 동력을 상실케 할 수 있다. 이처럼 특정 국가의 노동(력)이나 경제성과는 단순히 사람의 수를 의미하는 인구규모에 의해 결정되지 않으며, 인구증가율이나 인구구조의 변동에 의해서도 영향을 받게 된다. 우리는 인구에 관한 경제학의 관심을 다음과 같이 나누어 설명할 수 있다.

- **인구규모(총인구)** : 특정 국가나 지역에 살고 있는 사람의 총수로 경제의 공급능력과 시장수요에 영향
- **인구증가율** : 전년 대비 인구수 변화율로 자연증가율(=조출산율 - 조사망률)과[4] 사회적 증가율[(순)이주]의 합으로 계산되며, 소득수준 및 경제성장률 결정에 영향
- **인구구조** : 전체 인구 대비 연령별·지역별 등 인구의 분포 상황으로 오늘날 중요한 이슈이며, 경제사회 전반에 큰 영향

⑤ 출산, 사망 및 이주

그렇다면 특정 국가나 지역의 인구규모, 인구증가율 및 인구구조는 어떤 요인들의 변동에 영향을 받을까? 다시 말해 인구규모, 인구증가율 및 인구

---

4) 조출산율은 "연간 출생아 총수를 해당 연도의 연앙인구(7월 1일)로 나누어 1,000 분비"로 나타낸 출산력 지표이다. 조사망률은 "연간 총사망자 수를 해당 연도의 연앙인구(7월 1일 기준)로 나누어 1,000 분비"로 나타낸 사망률 지표이다. 조사망률에 관한 상세한 내용은 제3장에 나타나 있다.

구조의 결정요인은 무엇일까? 일련의 인구학적 천이(demographic transition)를 제시한 선행연구에서는 특정 국가나 지역의 인구변동을 출산율과 사망률 변천의 상호작용으로 설명한다. 즉 인구학적 천이는 "높은 수준의 출산율과 사망률에서 낮은 수준의 출산율과 사망률로 바뀐다는 것"을 의미한다. 따라서 인구규모, 인구증가율 및 인구구조의 변동은 출산, 사망 및 (순)이주의 상호작용으로 결정된다. 출산, 사망 및 이주의 사전적 의미는 다음과 같다.[5]

- **출산**(fertility) : 태아가 모체로부터 완전히 나와서 독립적인 생명체를 이루는 자연현상; 번식을 통해 자손을 낳을 수 있는 능력[6]
- **사망**(mortality) : 유기체를 유지하는 모든 생물학적 기능이 중지되어 생명이 없어지는 현상
- **이주**(migration) : 이민에 비해 포괄적인 의미로 사용되며, 국외뿐만 아니라 국내에서 단기 체류나 영구 정착을 위해 거주지를 변경하는 모든 형태의 이동

출산율과 사망률은 인구규모와 인구증가율에 직접적인 영향을 미치며, 이들 비율의 변동이 인구구조를 결정한다. 출산과 사망의 변천을 결정하는 요인들에 관한 설명은 각각 제4장과 제5장을 위해 남겨둔다. 또한 1990년대 이후 세계가 글로벌 경제로 나아가면서 사람들의 국가 간 이주

---

[5] 이들 정의는 위키백과(https://ko.wikipedia.org)와 한국민족문화대백과사전(https://encykorea.aks.ac.kr)에 기초한다.
[6] 인간의 출산 능력은 영양 상태, 성 행동, 혈연관계, 문화, 내분비내과의 질환, 나이, 경제 상황, 성격(인격), 생활방식, 시대적 상황, 감정 등 다양한 요인에 영향을 받는다(황진영, 2023).

가 활발히 이루어지고 있다. 많은 산업화된 국가에서는 저출산과 인구 고령화에 따른 노동력 부족 문제에 대응하기 위해 (순)이주를 증가시키려는 이민정책을 적극적으로 활용하고 있다. 이 책에서는 특정 국가나 지역의 인구규모, 인구증가율 및 인구구조 변동의 원인(결정요인)과 결과(인구가 소득 수준과 경제성장에 미치는 영향)를 규명하는 여러 이론의 소개와 실증자료의 분석을 제공한다.

🔁 인구배당 효과

우리는 경제인구학의 주요 논제를 제시하기 이전에 인구와 경제성장 간의 논의에서 반드시 알아야 하는 인구배당(demographic dividend) 효과를 설명한다. 특정 국가나 지역이 높은 경제성장을 달성하기 위해서는 인구통계학 관점에서 전체 인구 대비 높은 생산가능인구 비율과 낮은 부양비율의 인구구조가 요구되며, 경제학 관점에서 생산가능인구가 건강하고 양질의 교육을 받았으며 좋은 일자리가 보장되어야 한다. 이때 부양비율(dependency ratio)은 "생산가능인구(15~64세) 대비 유소년층 인구(0~14세)와 고령층 인구(65세 이상) 합의 비율(%)"로 인구의 연령구조를 반영하는 지표 중 하나이다.

인구배당 효과는 인구가 변동하는 과정에서 "전체 인구 대비 생산가능인구 비율이 커지고 부양비율이 줄어들수록 경제성장률이 증가하는 현상"을 일컫는다. 이러한 인구배당 효과는 더 많은 노동이 시장에 참가함으로써 생산이 늘어나고, 사회가 책임져야 할 부양비율이 줄어들어 저축률이 증가할 때 생겨난다. 인구구조의 변동에 따른 인구배당 효과는 1차 인구배당 효과와 2차 인구배당 효과로 구분되며, 그 내용은 다음과 같다.

- **1차 인구배당 효과** : 고출산 경제(농촌경제)가 저출산 경제(도시경제)로 전환하는 과정에서 전체 인구 대비 생산가능인구 비율이 높아지고 부양비율이 낮아져 저축률이 증가함으로써 경제가 성장하는 효과
- **2차 인구배당 효과** : 고령층 인구가 증가하는 사회에서 고령인구의 경제활동 참여를 확대되는 방향으로 개인의 경제행위와 정부정책의 조정을 통해 촉진되는 경제성장 효과

일부 문헌에서는 인구배당 효과를 인구보너스(demographic bonus)로 명명하기도 하는데, 이는 인구구조의 변동으로 경제가 보너스를 받는다는 의미이다. Mason(2005)은 1차 인구배당 효과는 일시적인 보너스의 성격이 강하지만, 2차 인구배당 효과는 지속 가능한 발전으로 전환하게 만드는 요인일 수 있다고 주장하였다.[7] 한편 인구보너스의 반대개념인 인구오너스(demographic onus)는 "인구보너스를 만든 핵심 주체였던 생산가능인구가 노년기로 접어들어 전체 인구 대비 생산가능인구 비율이 감소(부양비율이 증가)함에 따라 경제성장이 지체되는 현상"을 지칭한다. 그러나 이 책의 이후 논의에서 언급하겠지만, 생산가능인구 비율이 감소한다고 반드시 인구오너스가 생겨나는 것은 아니다.

---

7) 이 점은 제3장에서 다시 논의한다.

5 인구배당이 생겨나는 메커니즘

저출산 경제로의 전환 혹은 고령층의 경제활동 참여 증대로 인한 생산가능인구의 확대가 인구배당 효과를 반드시 보장하지 않으며, 모든 국가에서 동일한 효과가 나타나지도 않는다. 생산가능인구의 확대가 인구배당 효과를 크게 유발하기 위해서는 이들을 연결하는 경제적인 메커니즘이 잘 작동해야 하는데, 몇 가지 메커니즘을 소개하면 다음과 같다.

- 노동공급의 증가가 생산의 확대로 이어질지는 노동력을 생산적인 경제활동에 고용할 수 있는 경제 내의 능력에 의존한다. 즉 인구배당 효과의 크기는 단순히 생산가능인구의 증가가 아닌 증가한 노동력을 생산적인 고용으로 흡수할 수 있는지에 따라 달라진다.
- 부모는 저출산 경제로 전환함에 따라 자녀의 출산과 양육 비용을 줄일 수 있으므로 저축률을 증가시킬 수 있다. 이러한 저축률 증가는 자본(량)을 상승시켜 생산성 향상과 경제성장에 기여하는 인구배당 효과를 창출한다.
- 출산율 감소는 여성이 건강과 교육에 투자할 시간을 증가시켜 여성의 인적자본을 증대시킨다. 또한 출산율 감소는 자녀에게 투자할 수 있는 여력을 향상시켜 경제 내의 인적자본을 늘린다. 인적자본의 확대는 생산량 증가를 유도하는 인구배당 효과를 창출한다.[8]
- 생산가능인구의 증가와 부양비율의 감소는 저축률을 증가시키는 요인

---

8) 이러한 내용의 더 상세한 설명은 이 책의 이후 논의에서 제시된다.

으로 작용하면서 동시에 국내의 상품과 서비스에 대한 소비(수요)를 증가시키는 요인일 수 있다. 소비(수요)의 증가는 고용과 생산의 증대로 이어져 높은 경제성장을 유인하는 인구배당 효과를 유도한다.

- 산업구조가 연령별 고용을 보완할 수 있는 국가에서 인구배당 효과가 크게 생겨난다. 즉 고령인구의 경제활동 참여 증가가 젊은 노동자들의 경제활동을 구축(crowding-out)할 때는 생산가능인구의 확대가 제한적이므로 인구배당 효과가 크게 생겨나지 않는다.

🖙 경제인구학의 주요 내용

지금까지 살펴본 바와 같이 특정 국가나 지역의 출산, 사망 및 (순)이주는 인구규모, 인구증가율 및 인구구조의 변동을 일으키고, 이는 거시경제 변수에 영향을 미쳐 소득수준과 경제성장을 결정한다. 이때 거시경제적 전달경로로는 총공급과 총수요·생산가능인구(부양비율)·저축률·정부지출의 크기 및 구성·교육투자·금융시장의 발전·환경, 주택 및 자원 활용 등을 들 수 있다.

또한 이상의 거시경제 변수들은 소득수준과 경제성장의 결정에 영향을 미치고, 이는 다시 출산, 사망 및 (순)이주를 결정하는 요인으로 작용하므로 변수 간에는 내생성(endogeneity)이 성립한다. 〈그림 1-1〉은 경제인구학에서 인구규모, 인구증가율 및 인구구조가 소득수준 혹은 경제성장에 어떻게 영향을 주고받는지에 관한 주요 내용의 요약을 제공한다. 제2장 이후의 논의에서는 〈그림 1-1〉과 같이 인구 변수와 거시경제 변수 간의 관계를 중심으로 논의한다. 이 장 이후에서는 역사적 자료를 바탕으로 인구

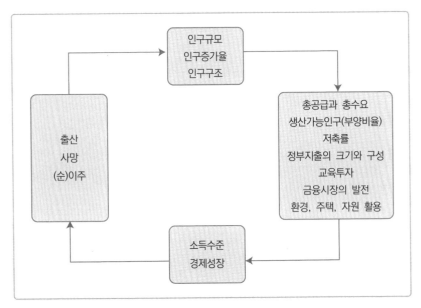

그림 1-1 경제인구학의 내용

의 변천을 소개하고, 세계와 우리나라의 인구규모와 인구증가율을 중심으로 오늘날의 현황과 미래의 전망을 살펴본다.

2 세계 인구의 역사적 추이

세계의 인구규모와 인구증가율이 인류 역사의 모든 시기에 일정한 수준을 유지하며 변동하지 않았다. 세계 인구가 특정 시기에는 급격히 증가하였으며, 인구가 감소한 시기도 있었다. Deevey(1960)는 인류 역사에서 세 번의 시기 동안 인구증가율이 높게 나타났다고 제시하였다. 즉 Deevey(1960)는 세계 인구가 ① 기원전(BC) 약 10만 년 무렵 인간이 도구를 사용하기 시작할 시기(문화혁명 시기), ② BC 8000~4000년 무렵 인간이 농경 생활과 함께 도시를 형성하기 시작한 시기(농업혁명 시기), ③ 기원후(AD) 18세기 이후 인간이 과학과 산업을 급격히 발전시키기 시작한 시기(산업혁명 시기)에 급격히 증가했다고 설명하였다. 또한 인류의 인구는 대규모의 전쟁·전염병(예 : 흑사병)·기후변화(예 : 대기근) 등이 발생한 시기에 감소하였다.

🖐 BC 100만 년 ~ AD 1년의 세계 인구

Deevey(1960)는 역사적 자료를 바탕으로 BC 100만 년의 세계 인구가 약 12만 5천 명 수준이었으며, BC 8000년의 세계 인구가 약 532만 명에서 BC 4000년에 약 8,650만 명으로 크게 상승한 것으로 추계하였다. 즉 Deevey(1960)의 추계는 BC 8000년까지 인구수가 2배가 되는 데 약 3~4만 년이 걸렸지만, 그 이후에는 약 1300~1400년이 걸린 것으로 파악하였다. 이는 사람들이 농경 생활을 시작한 농업혁명 이후 도시를 형성하고 생활공간을 확대함으로써 인구증가가 급속히 이루어졌다는 사실을 반영한다.

Kremer(1993)는[9] 세계 인구가 BC 100만 년에 약 12만 5천 명, BC 30만 년에 약 100만 명, BC 10만 년에 약 400만 명, BC 4000년에 약 1,500만 명으로 완만하게 증가하였지만, 농업혁명 이후인 BC 500년에 약 1억 명, BC 200년에 약 1.5억 명으로 급격히 증가한 것으로 추계하였다. 비록 Deevey(1960)와 Kremer(1993) 간의 추계에는 상당한 차이가 있지만, 인류가 농경 생활을 시작하고 생활공간이 확대된 이후 인구가 급속

---

9) Michael Robert Kremer(1964~)는 지구촌의 빈곤 문제를 줄이기 위한 실험적 접근에 대한 공로로 2019년에 노벨 경제학상을 받았다.

도로 증가한 사실에는 일치한다.

Deevey(1960)와 Kremer(1993)는 AD 1년에 세계 인구를 각각 약 1.33억 명과 1.70억 명으로 추계하였는데, 이는 다른 선행연구에서 추계한 것보다 다소 적은 인구수이다. 예를 들어 Maddison(2001)은 AD 0년에 세계 인구를 약 2.3억 명으로 추산하였다(〈표 1-1〉 참조). 우리는 이상의 문헌들에 기초할 때 AD 시작 시점에 약 2억 명의 인구가 지구상에 살았던 것으로 추정할 수 있다.

🔗 Maddison(2001)이 제시한 인구변천

〈표 1-1〉은 영국 출신의 경제사학자 Angus Maddison(1926~2010)의 저서인 *The World Economy: A Millennial Perspective*(2001)에서 제공한 것으로 AD 0년부터 1998년까지 세계 인구의 역사적 변천 추이를 보여준다. 우리는 〈표 1-1〉을 통해 세계 인구의 변천 추이가 다음의 몇 가지 특징을 가진다는 사실을 알 수 있다.

- 0~1000년의 세계 인구가 연평균 0.02%씩 증가해 1000년 동안 약 3,800만 명 증가하였다. 즉 세계 인구는 0년에 약 2억 3천만 명에서 1000년에 약 2억 6,800만 명에 도달하였다. 1000년 이후의 인구증가율은 세계의 모든 지역에서 꾸준히 증가하였다. 또한 1000~1820년의 세계 인구증가율은 연평균 0.17%이었으며, 그 이후 1998년까지의 인구증가율이 0.98%로 크게 상승하였는데, 이는 산업혁명 이후 인구가 급격히 증가한 사실을 반영한다.

표 1-1 세계 인구의 역사적 변천

지역	인구규모(백만 명)				연평균 인구증가율(%)		
	0년	1000년	1820년	1998년	0~ 1000년	1000~ 1820년	1820~ 1998년
세계 전체	230.8	268.3	1,041.1	5,908	0.02	0.17	0.98
서유럽	24.7	25.4	132.9	388	0.00	0.20	0.60
뉴질랜드, 미국, 캐나다 및 오스트레일리아	1.2	2.0	11.2	323	0.05	0.21	1.91
일본	3.0	7.5	31.0	126	0.09	0.17	0.79
남미	5.6	11.4	21.2	508	0.07	0.08	1.80
동유럽 & 구소련	8.7	13.6	91.2	412	0.05	0.23	0.85
아시아(일본 제외)	171.2	175.4	679.4	3,390	0.00	0.17	0.91
아프리카	16.5	33.0	74.2	760	0.07	0.10	1.32

출처 : Maddison(2001)

- 0~1000년의 인구는 일본, 남미, 아프리카, 뉴질랜드·미국·캐나다·오
  스트레일리아와 같이 유럽이 아닌 지역(즉 유럽인의 관점에서 신대륙)에 있
  는 국가들 중심으로 많이 증가하였다. 그러나 1000~1820년의 인구
  증가는 남미와 아프리카의 국가보다 다른 지역이나 국가에서 상대적
  으로 크게 형성되었다. 즉 동 기간 세계의 연평균 인구증가율(0.17%)
  보다 낮은 지역은 남미(0.08%)와 아프리카(0.10%)뿐이다.[10] 이러한 관
  측은 동 기간 남미와 아프리카 지역이 세계의 경제(산업)와 문명의 중

---

10) 그러나 0~1000년의 남미와 아프리카의 연평균 인구증가율은 0.07%로서 세계의 연평균
  인구증가율인 0.02%에 비해 높은 수준이다.

심에서 상대적으로 소외되었을 가능성을 시사한다.

● 비록 1820년 이후의 세계 인구는 모든 지역에서 인구가 꾸준히 증가
하였지만, 뉴질랜드·미국·캐나다·오스트레일리아와 남미 국가에서의
연평균 인구증가율이 각각 1.91%와 1.80%로 상대적으로 높게 나타
났다. 우리는 1820년 이후 뉴질랜드·미국·캐나다·오스트레일리아와
남미 국가에서의 인구증가는 자연적인 인구증가와 함께 다른 지역이
나 국가로부터의 이주로 인한 인구증가에 크게 기인한 것으로 추측할
수 있다. 1820~1998년 아프리카의 연평균 인구증가율은 비교적 높
은 1.32%인데, 이는 다른 지역이나 국가로부터의 이주보다는 서구의
과학과 문명의 발달이 전파됨에 따라 생겨난 자연적인 인구증가를 크
게 반영한다.

한편 Kremer(1993)도 인류 역사의 인구변천을 제시하였는데, 인구증가
율 추계가 〈표 1-1〉의 경우와 유사한 것으로 파악하였다. Kremer(1993)
는 BC 10000년부터 AD 1세기 초까지 세계의 연평균 인구증가율이
0.04%이었으며, 이후 1800년까지 세계 인구는 연평균 0.09%씩 증가한
것으로 산정하였다. 또한 Kremer(1993)는 세계의 연평균 인구증가율이
19세기에 0.6%, 20세기 초반에 0.9%, 20세기 후반에 1.8%로 상승한 것
으로 추산하였다.

표 1-2 2023년 인구규모 상위 10개국

순위	국가	인구수	세계 인구 대비 비율(%)
1	인도	14억 2,863만 명	17.76
2	중국	14억 2,567만 명	17.72
3	미국	3억 3,997만 명	4.23
4	인도네시아	2억 7,753만 명	3.45
5	파키스탄	2억 4,048만 명	2.99
6	나이지리아	2억 2,380만 명	2.78
7	브라질	2억 1,642만 명	2.69
8	방글라데시	1억 7,295만 명	2.15
9	러시아	1억 4,444만 명	1.80
10	멕시코	1억 2,845만 명	1.60
29	대한민국	5,178만 명	0.64

자료 : 국제연합(UN, 2023)

🖐 오늘날의 세계 인구

이처럼 세계 인구는 인류 역사와 더불어 꾸준히 증가해 2023년 기준 세계 인구는 약 80억 400만 명에 이른다[국제연합(UN), 2023]. 〈표 1-2〉는 2023년의 세계 인구규모 상위 10개국의 인구수와 이들 국가의 인구가 세계 전체의 인구에서 차지하는 비율을 나타낸다. 인도와 중국은 각각 14억 이상의 인구로 다른 어떤 국가들보다 압도적으로 인구수가 많으며, 세계 인구의 35% 이상인 약 28억 5,000만 명의 사람이 인도 혹은 중국에서 살아가고 있다.

미국은 인구규모 상위 10개국 중 유일한 산업화된 국가이며, 인구수는 세 번째로 많은 약 3억 4,000만 명으로 세계 인구의 약 4.23%를 차지한다. 또한 세계은행(World Bank)이 제공하는 자료에 따르면,[11] 2024년 기준 아시아와 아프리카 대륙의 인구가 각각 약 48억 명과 약 15억 명으로 세계 전체의 약 77% 인구가 이상의 두 대륙에서 살아가고 있다. 우리나라는 약 5,178만 명의 인구수로 세계 인구의 약 0.64%이며, 지구상에서 29번째로 인구수가 많은 국가이다.

그렇다면 인구증가율은 지난 몇십 년 동안 어떻게 변동하였을까? 〈그림 1-2〉는 세계은행의 세계개발지표(World Development Indicators, WDI)가 제공하는 자료를 이용해 작성한 것으로 1961년 이후 세계의 인구증가율

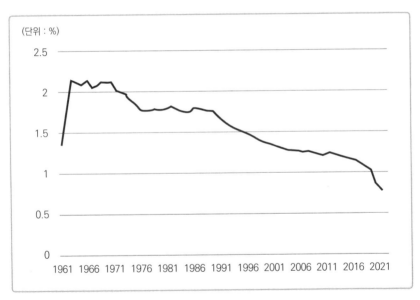

그림 1-2 세계의 인구증가율 추이
자료 : 세계은행, 세계개발지표(WDI)

11) 이 자료는 https://www.worldometers.info/world-population/#region에서 제공한다.

추이를 나타낸다. 1970년대 초반까지는 2%를 조금 상회하던 인구증가율이 1973년에 1.99%로 하락한 이후 지속해서 감소하고 있으며, 그 감소폭은 1990년대 이후 더욱 증가하였다. 이처럼 세계 인구증가율의 급격한 감소는 인도와 중국의 산아제한 정책에 의해 큰 영향을 받았다. 2022년 기준 세계의 인구증가율은 약 0.79%이다. 그러나 여러 아프리카 국가와 저개발 국가를 중심으로 인구증가율이 여전히 높은 수준이며, 이들 국가는 연평균 3% 이상을 기록한다.

세계 인구는 지금까지 살펴본 바와 같이 장기적(역사적)으로 증가하였는데, 인구의 크기는 출산율과 사망률 변천의 상호작용으로 결정된다. 예를 들어 일정 기간 출산율이 사망률보다 큰 국가에서는 인구규모가 증가하고, 그 반대의 국가에서는 인구규모가 감소한다.[12] 많은 산업화된 국가에서는 인구규모의 변동이 시계열적으로 크지 않은데, 이는 인구학적 천이가 거의 끝났음을 의미한다. 그러나 많은 개발도상국 혹은 저개발국은 아직도 인구학적 천이가 진행 중이며, 출산율이 사망률보다 높으므로 여전히 높은 양(+)의 인구증가율을 기록한다. 이러한 출산율과 사망률의 변천이 인구증가율은 물론 인구구조의 변동을 초래하는데, 인구구조 변동 자료의 추이는 제3장에서 살펴본다.

---

[12] 물론 이 예는 사람들의 국가 간 이주를 고려하지 않는다고 가정한다.

우리나라의 인구변천

우리나라의 고대 인구의 기록이나 집계 기준은 시대에 따라 상당한 차이가 있다. 또한 실제 인구의 계량적 측정은 기술상의 문제로 인해 많은 누락이 있었을 것으로 예상되며, 이에 따라 우리는 고대 기록에 근거한 인구집계의 정확성을 기대하기 어렵다. 그런데도 한국민족문화대백과사전에서는 우리나라와 중국의 문헌들을 바탕으로 고대의 우리나라 인구를 집계하고 추정하였다. 이하에서는 한국민족문화대백과사전에 기초한 우리나라의 고대 인구의 변천을 간단히 제시하고, 통계청이 제공하는 자료를 바탕으로 1960년대 이후의 인구변천을 집중적으로 살펴본다.

🖘 고대 인구의 변천

우리나라의 인구는 삼한시대 482만 명, 통일신라시대 675만 명, 고려시대 초기 780만 명, 조선시대 초기 991만 명으로 추계된다. 조선시대에는 호구조사를 여러 번 실시하여 전국적인 추계가 가능한 수준까지 이르렀지만, 시대별 상당한 차이가 있어 여전히 정확성에는 문제가 있다. 1910년의 우리나라 인구는 1,313만 명에서 1943년에 2,439만 명으로 1,126만 명이 증가하여 연평균 1.9%의 인구증가율을 기록하였다. 또한 1942년 기준 만주·일본·기타 중국 등의 해외 거류 한국인 수가 약 351만 명에 이르는 것으로 추정된다.[13]

그러나 우리는 일제강점기 우리나라의 인구 동태가 많은 신고 누락으로

---

13) 이상은 한국민족문화대백과사전이 제공하는 자료이다.

인해 정확한 수준을 측정하기 불가능하였다는 사실을 염두에 두어야 한다. 행정안전부 국가기록원은 일제강점기 이후 한반도의 인구는 약 2,500만 명이었으며, 남한 인구가 약 1,600만 명이고 북한 인구가 약 900만 명으로 추정하였다. 일제강점기 이후에는 만주, 일본 및 기타 중국으로부터의 귀환민, 6·25 전쟁 전의 남북한 간의 인구이동, 한국전쟁 시 북한에서 남한으로 피난민 정착 등에 따른 인구수의 변동을 거쳐 1960년의 우리나라(남한) 인구는 약 2,500만 명으로 증가하였다. 특히 우리나라는 한국전쟁 이후 1955~63년의 베이비 붐(baby boom) 세대를 거치면서 인구의 급격한 증가를 이루었다. 이 시기에는 평균 합계출산율이[14] 약 6.3명이었으며, 매년 약 3.0%의 높은 인구증가율을 기록하였다.

🖐 1960년 이후 인구규모와 인구증가율

우리나라의 인구 자료는 통계청 국가통계포털에서 제공하며, 〈표 1-3〉에서와 같이 1960년 이후의 우리나라 인구규모는 소득수준의 향상과 더불어 2020년까지 지속해서 증가하였다. 즉 우리나라 인구수는 1967년에 3천만 명, 1984년에 4천만 명, 2012년에 5천만 명에 도달하였다. 그러나 우리나라는 1960년 이후 지속적인 출산율 하락으로 인해[15] 2020년의 인구수가 약 5,184만 명으로 정점을 기록한 이후 2021년에 약 5,177만 명으로 인구가 감소하는 국가로 전환되었다. 2023년 기준 우리나라의 인구수는 약 5,171만 명이다.

---

[14] 합계출산율은 출산율을 측정하는 대표적인 지표로서 그 구체적 정의는 제3장에서 제시된다.
[15] 1960년 이후 우리나라의 출산율 추이는 제3장에 나타나 있다.

표 1-3 1960년 이후 우리나라 인구규모

연도	인구수	연도	인구수
1960	2,501만 명	1995	4,509만 명
1965	2,870만 명	2000	4,701만 명
1967	3,013만 명	2005	4,818만 명
1970	3,224만 명	2010	4,955만 명
1975	3,528만 명	2012	5,012만 명
1980	3,812만 명	2015	5,101만 명
1984	4,041만 명	2020	5,184만 명
1985	4,081만 명	2021	5,177만 명
1990	4,287만 명	2023	5,171만 명

자료 : 통계청 국가통계포털

우리나라의 인구증가율 추이는 〈그림 1-3〉과 같다. 〈그림 1-3〉은 1960
년 이후 우리나라의 인구증가율이 1961년에 2.97%, 1962년에 2.86%를
기록한 이후 감소하기 시작하였음을 나타낸다. 이는 높은 인구증가율이 소
득수준 향상을 제약할 수 있다는 경제이론에 기초해[16] 정부가 실시한 가족
계획 정책(출산억제정책)의 영향을 반영한 결과이다. 즉 우리나라 정부는
1961년 이후 경제개발을 위한 인구정책의 하나로 산아조절을 강조하였다.

출산억제정책은 1990년대 후반까지 지속되었으며,[17] 이때까지 인구증
가율이 매년 조금씩 등락은 있었으나 대체로 감소하는 추세였다. 2000년
대 이후에는 1997~98년의 금융위기 회복, 2005년부터 시작한 정부의 출

---

16) 높은 인구증가율이 경제성장률에 부정적 영향을 미칠 수 있음은 제2장의 솔로우 경제성장
모형에서 살펴본다.
17) 출산억제정책은 제3장에서 간단히 언급한다.

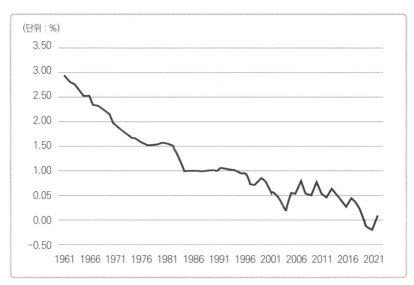

그림 1-3 1960년 이후 우리나라의 인구증가율

자료 : 통계청 국가통계포털

산장려정책, 2008~09년의 글로벌 금융위기 회복, '황금돼지띠'의 출산 증가 등의 이유로 인구증가율이 등락을 거듭하다가 최근 들어서는 다시 가파르게 감소하고 있다. 오늘날 인구증가율의 감소는 출산율 감소와 인구고령화에 따른 조사망률 증가와 직접적으로 관련되며, 이는 제3장과 제4장에서 구체적으로 논의한다.

😕 (순)이주 현황

2001년 이후 우리나라의 (순)이주 현황은 〈표 1-4〉에 요약되어 있는데, 이는 통계청이 제공한 보도자료(2023년 7월 13일)에 기초한다. 〈표 1-4〉는 국제순이동을 파악하기 위해 입국자와 출국자에 내국인과 외국인을 모두 포함한

표 1-4 우리나라의 국제순이동 현황

(단위 : 천 명)

연도	입국자	출국자	순이동	연도	입국자	출국자	순이동
2001	374	406	-32	2012	643	636	7
2002	387	403	-16	2013	696	611	85
2003	404	447	-42	2014	735	594	142
2004	423	471	-49	2015	684	622	61
2005	530	625	-95	2016	714	639	75
2006	614	566	48	2017	758	651	107
2007	630	553	78	2018	818	662	156
2008	659	603	55	2019	749	717	32
2009	592	571	20	2020	673	560	113
2010	632	550	82	2021	410	476	-66
2011	658	568	91	2022	606	518	88

자료 : 통계청, 2022년 국제인구이동통계 보도자료(2023년 7월 13일)

다. 이에 따라 국제순이동은 그 사람 수만큼 해당 연도의 우리나라 인구수가 증감한다는 것을 반영한다. 2001년부터 2005년까지는 입국자보다 출국자가 많아 인구의 국가 간 이동이 우리나라 인구수를 감소시켰다.

2006~20년에는 국제순이동이 우리나라 인구수를 증가시켰지만, 그 수는 그다지 크지 않으며 매년 약 2만 명(2009년)에서 15만 6천 명(2018년) 사이에서 변동하였다. 2019년 이후에는 코로나바이러스 감염증-19(COVID-19)의 영향으로 연도별 국제 이동의 변동성이 증가하였는데, 2021년의 국제순이동은 2005년 이후 처음으로 인구수를 감소시켰다(약 6만 6천 명 감소). 그러나 2022년에 국제순이동이 다시 증가하여 약 8만 8천 명의 인구수를 증가시켰다. 따라서 우리나라의 (순)이주가 인구규모에 미친 영향은 크지

않은 것으로 관측된다.

4 미래의 인구 전망

미래의 인구 전망은 인구학적 추세를 바탕으로 인구 추계를 통해 이루어진다. 대부분 국가와 국제기구에서 사용하는 대표적인 인구 추계방법은 코호트 요인법(cohort component method)이다.[18] 이때 코호트(cohort)는 인구학에서 "통계적으로 같은 요인을 공유하는 집단"을 의미한다. 코호트 요인법은 "출생, 사망 및 (순)이주와 같은 요인별 인구변동의 미래 수준을 예측한 이후 추계의 출발점이 되는 기준 인구에 출생아 수와 (순)이주의 수를 더하고, 사망자 수는 빼는 인구 균형방정식(demographic balancing equation)을 적용하여 다음 해 인구를 반복적으로 산출해 나가는 인구 추계방법"이다.

🗗 인구 균형방정식

구체적으로 인구 균형방정식은 다음과 같이 표현할 수 있다. 만약 t 시점의 특정 집단의 인구를 P_t 라고 하면, $t+1$ 시점의 인구 P_{t+1} 는 다음의 인구 균형방정식으로 나타난다.

$$P_{t+1} = P_t + (N_t - D_t) + (I_t - E_t)$$

인구 균형방정식에서 N_t와 D_t는 t 시점에서 $t+1$ 시점까지 새로 태어난

---

18) 미래 인구의 추계방법은 접근방식에 따라 추세 외삽법(trend-extrapolation), 구조 모형(structural model) 및 코호트 요인법(cohort component method)이 있다(조대헌·이상일, 2011).

인구(N)와 사망한 인구(D)를 나타내며, $(N_t - D_t)$는 출생 인구에서 사망 인구를 뺀 인구의 자연증가(natural growth)를 의미한다. 또한 I_t와 E_t는 동일 기간 유입 이민자 수(I)와 유출 이민자 수(E)를 나타내며, $(I_t - E_t)$는 국제순이동을 가리킨다.

⑤ 세계의 인구 전망

국제연합(UN)은 1968년 이후 개별 국가의 미래 인구에서 출발하여 지역 (대륙)과 세계 전체의 인구를 추계하는 상향식 접근방식(bottom-up approach) 을 이용해 2년 혹은 3년마다 미래의 인구 추계를 제공한다. 〈표 1-5〉는 국제연합(UN, 2022)이 제공한 것으로 2100년까지 세계 인구 추계의 요약 이다.[19] 인구 추계는 통상적으로 3개의 기본적인 시나리오, 즉 중위·고위· 저위 추계로 나누어 실시하는데, 〈표 1-5〉는 1월 1일 기준의 중위 추계로 설정한 전망이므로 다른 연구결과와 차이가 있을 수 있다. 이 책에서 제시 하는 인구 전망은 중위 추계, 즉 인구변동 요인별(출산, 사망 및 국제이동) 중 위 가정을 조합한 결과를 사용한다.

　앞으로의 세계 인구에 대한 예측은 주로 출산율과 사망률(출생 시 기대여 명)이 큰 변화 요인으로 작용한다. 〈표 1-5〉는 세계 인구가 앞으로 수십 년 동안 멈추지 않고 계속 증가할 것으로 전망하며, 2038년에 90억 명과 2059년에 100억 명에 도달할 것으로 추계한다. 이후 세계 인구는 그 증

---

19) 이 자료는 국제연합 경제사회국(UN, Department of Economic and Social Affairs, Population Division, WPP Home, https://population.un.org/wpp/Download/Standard/CSV) 에서 내려받을 수 있다.

표 1-5 세계의 인구 전망

연도	인구수	연도	인구수
2025	81억 5,560만 명	2065	101억 8,454만 명
2030	85억 1,172만 명	2070	102억 8,841만 명
2035	88억 4,723만 명	2075	103억 6,508만 명
2038	90억 3,720만 명	2080	104억 1,175만 명
2040	91억 5,875만 명	2085	104억 3,031만 명
2045	94억 4,134만 명	2086	104억 3,105만 명
2050	96억 8,744만 명	2087	104억 3,081만 명
2055	98억 9,051만 명	2090	104억 2,527만 명
2059	100억 2,389만 명	2095	104억 0,000만 명
2060	100억 5,352만 명	2100	103억 5,500만 명

자료 : 국제연합(UN, 2022)

가세가 둔화하여 2086년에 약 104억 3,105만 명으로 정점을 기록한 이후 조금씩 감소할 것으로 예상된다. 국제연합(UN, 2022)은 2100년의 세계 인구를 약 103억 5,500만 명으로 전망한다.

또한 국제연합(UN, 2022)은 인구증가의 편차가 지역별로 크게 나타나며, 세계의 인구증가는 대부분 아프리카의 가장 가난한 국가에서 2050년까지 2배 이상의 규모로 증가할 것으로 예상한다. 국제연합(UN, 2022)은 2050년까지 세계 인구증가의 절반 이상이 8개 저개발 국가, 즉 콩고민주공화국·이집트·에티오피아·인도·나이지리아·파키스탄·필리핀·탄자니아에서 집중될 것으로 전망한다. 이처럼 세계 인구가 향후 수십 년간 계속해서 증가하는 이유는 최근 들어 세계의 인구증가율이 감소하고 있지만(그림 1-2 참조), 여전히 양(+)의 값을 나타내기 때문이다.

즉 많은 개발도상국이나 저개발국의 출산율이 감소하고 있으나 대체출산율(replacement fertility rate),[20] 즉 "특정 국가나 지역이 현재의 인구수를 유지하기 위해 요구되는 수준의 합계출산율"보다 높으며, 출생 시 기대여명은 소득수준 상승에 따른 생활환경 개선, 교육수준 향상, 의료서비스 발달 등으로 증가하고 있다. 인구규모의 변동은 인구증가율 변동과 상호 연관되어 있는데, 〈그림 1-4〉는 국제연합(UN, 2022)이 제공한 전망 자료를 바탕으로 작성한 2100년까지의 인구증가율 예측이다. 즉 〈그림 1-4〉는 세계의 인구증가율이 향후 지속해서 감소하다가 2087년에 처음으로 음(-)의 값이 나타

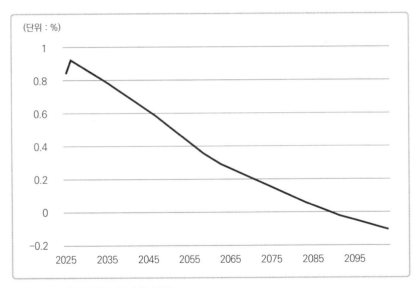

그림 1-4 세계의 인구증가율 전망

자료 : 국제연합(UN, 2022)

---

20) 대체출산율은 제4장에서 다시 설명한다.

나며, 이 시점부터 인구규모가 감소할 것으로 전망한다. 즉 인구증가율이 양(+)의 값을 갖는 2087년까지 인구규모는 여전히 증가하며, 이 시기까지의 인구증가율 감소는 인구규모의 증가폭이 줄어든다는 것을 의미한다.

🖐 우리나라의 인구 전망

〈표 1-3〉에서 살펴보았듯이, 우리나라는 2020년 이후부터 인구가 감소하는 국가이다. 즉 2020년 이후 우리나라의 인구증가율은 음(-)의 값으로 나타난다. 만약 출산율이 가까운 미래에 반등하지 않는다면, 우리는 인구 감소가 오랜 기간 지속할 것으로 쉽게 예상할 수 있다. 〈표 1-6〉은 통계청이 제공하는 2072년까지의 우리나라 인구규모 전망으로, 이는 출산율, 사망률 및 국제순이동의 중위 가정을 조합한 중위 추계이다.

인구규모 전망을 바탕으로 산출한 인구증가율의 전망은 〈그림 1-5〉에 나타나 있다. 〈표 1-6〉은 2023년 기준 약 5,171만 명의 우리나라 인구수

표 1-6 우리나라의 인구규모 전망

연도	인구수	연도	인구수
2023	5,171만 명	2050	4,711만 명
2025	5,168만 명	2055	4,487만 명
2030	5,131만 명	2060	4,125만 명
2035	5,082만 명	2064	4,020만 명
2040	5,006만 명	2065	3,969만 명
2041	4,985만 명	2070	3,718만 명
2045	4,886만 명	2072	3,622만 명

자료 : 통계청 국가통계포털

가 앞으로 지속해서 감소하며, 2040~41년에 5천만 명, 2064~65년에 4천만 명이 무너져 2072년 약 3,622만 명일 것으로 전망한다. 즉 2072년의 우리나라 인구수는 현재의 인구수에 비해 약 1,500만 명 이상이 줄어든다. 이러한 전망은 중위 가정을 조합한 중위 추계이므로, 앞으로의 실질적인 출산율이나 국제순이동이 중위 가정에 미치지 않을 때는 인구 감소는 더 크게 생겨낸다.

〈그림 1-5〉는 우리나라의 인구증가율이 2023년과 2024년에 소폭 상승하지만, 2025년부터는 지속해서 하락할 것으로 예상한다. 특히 〈그림 1-5〉는 2030년대 이후 그 하락 폭이 급격히 증가해 2050년경에는 매년

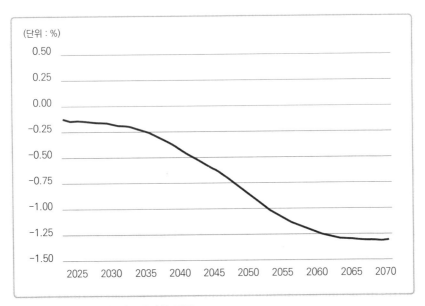

그림 1-5 우리나라의 인구증가율 전망
자료 : 통계청 국가통계포털

약 -1.0%, 2070년경에는 매년 약 -1.3% 혹은 그 이상을 기록할 것으로 전망한다. 우리나라의 인구 감소는 세계 최저 수준의 낮은 출산율에 기인하므로 단순히 인구규모를 줄인다는 사실과 함께 고령층 인구가 급격히 증가하는 인구구조의 변동을 초래한다. 다음 장에서는 인구규모와 인구증가율이 소득수준과 경제성장에 미치는 영향을 규명한 이론적 논의를 살펴보고, 인구구조 변동의 추이와 그 변화가 경제성장에 미치는 효과 등은 제3장 이후에서 검토한다.

제 **2** 장

인구의 변동과 경제성장

가 계는 노동을 기업과 정부에 제공한 대가로 소득(소비)을 얻으므로 특정 국가나 지역의 총생산과 총소비를 결정하는 데 영향을 미친다. 즉 특정 국가의 인구는 노동(력) 제공을 통해 소득수준과 경제성장에 직접적인 영향을 미친다. 이 장에서는 인구의 변동이 어떻게 소득수준과 경제성장 결정에 영향을 미치는지 제시한 이론적 모형들을 살펴본다. 제1절은 인구규모와 소득수준(경제성장) 간의 관계를 규명한 맬서스 경제를 정리한다. 제2절은 솔로우 모형에 기초해 인구증가율과 경제성장 간의 관계를 검토한다. 제3절은 내생적 성장이론이 발표된 이후 발전한 인적자본이론을 설명하고, 제4절은 오늘날 우리나라와 같이 인구가 감소하는 국가가 증가하고 있는 상황에서 인구 감소와 경제성장 간의 가능한 이론적 관계를 제시한다.

① 인구규모와 경제성장: 맬서스 경제

이 절에서는 맬서스 경제를 중심으로 인구규모와 경제성장 간의 전통적인 관계를 살펴본다. 영국의 고전 경제학자 Thomas Robert Malthus(1766~1834)는 1798년에 『인구론』의 초판을 발간한 이후 6번의 개정을 거쳐 1826년에 최종판을 출판하였다. Malthus(1798)는 『인구론』에서 "식량은 산술(등차)급수적으로 증가하는 데 반해 인구는 기하(등비)급수적으로 증가한다"라고 제시하였다.

즉 Malthus(1798)는 인구의 급속한 증가로 인해 식량의 부족은 필연적이고, 이에 따라 빈곤과 죄악의 발생이 불가피하다고 주장하였다. Malthus

(1798)는 상당수의 인구가 가난 속에서 살아가다가 기아·전쟁·전염병 등이 발생할 때 인구수가 줄어들어 인구 대비 식량부족이 조정될 수 있다고 생각하였다. 따라서 Malthus(1798)는 인류가 후생과 복지를 증진하기 위해 산아제한·결혼 연기·독신 등을 통해 출산율을 낮추는 예방적 조치가 필요하다고 역설하였다. 경제학에서는 Malthus(1798)가 『인구론』에서 고려한 경제를 맬서스 경제(Malthusian economy)로 명명하며, 그 구체적인 내용은 다음의 간단한 모형을 사용해 살펴본다.

⑤ 맬서스 경제

맬서스 경제는 매우 단순한 형태의 생산함수를 상정한다. 즉 맬서스 경제는 노동(N)이란 유일한 가변적 생산요소를 사용해 오로지 식량(Y)만을 생산한다. 다시 말해 인간이 식량을 생산하기 위해 이용할 수 있는 생산요소는 노동과 토지이며, 토지는 고정되어 있으므로 가변적 생산요소는 노동뿐이다. 따라서 맬서스 경제의 생산함수는 다음의 식 (2-1)과 같은 단순한 형태이다.

$$Y = F(N) \qquad\qquad\qquad (2\text{-}1)$$

맬서스 경제는 노동을 유일한 가변적 생산요소로 간주하므로 노동에 대한 수확체감의 법칙(law of diminishing returns)이 성립한다고 가정한다. 이에 따라 총생산곡선은 〈그림 2-1〉과 같이 노동의 투입량이 증가함에 따라 생산량의 증가 속도가 둔화하는 오목한 모양을 취한다. 즉 노동의 생산요

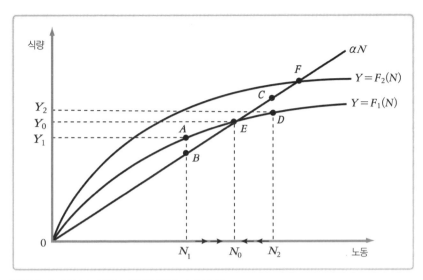

그림 2-1 맬서스 경제 : 인구규모와 소득수준

소 투입량이 증가할수록 노동의 한계생산성(marginal product of labor)은
점차 줄어든다.

또한 맬서스 경제는 특정 국가의 사람들이 생존하는 데 필요한 '최소한
의 식량'이 일정한 수준의 값으로 주어진다고 가정한다. 만약 1명이 생존
하는 데 필요한 최소한의 식량이 α로 주어지면, N명의 사람이 먹고사는
데 필요한 최소한의 식량은 αN이다. 이때 αN은 〈그림 2-1〉에서와 같이
원점을 지나는 직선의 형태로 그려진다. 맬서스 경제는 식량의 총생산량
과 생존을 위한 최소한의 식량 간의 상대적 크기에 따라 인구가 증가하거
나 감소한다고 상정한다.

우리는 〈그림 2-1〉를 이용해 맬서스 경제의 균형을 설명할 수 있다. 만
약 현재의 인구 N_1에 상응하는 생산함수가 $Y = F_1(N)$이면, 식량의 총생산

량과 생존에 필요한 최소한의 식량은 각각 $N_1 A(=0Y_1)$과 $N_1 B$이다. 이는 식량의 총생산량이 생존에 필요한 최소한의 식량을 AB만큼 초과한다는 것을 의미한다. 이처럼 식량의 총생산량이 생존에 필요한 최소한의 식량을 초과할 때는 사람들이 출산율을 높여 인구를 증가시킬 유인을 갖게 된다. 이러한 인구증가의 유인은 식량의 총생산량이 생존에 필요한 최소한의 식량과 같아질 때 사라진다. 즉 인구(수)가 N_1에서 N_0으로 증가한다.

그러나 현재의 인구가 N_2로 주어질 때는 생존에 필요한 최소한의 식량이 생산된 식량의 총량을 CD만큼 초과하므로 사람들이 출산율을 줄여 인구를 감소시킬 유인을 갖게 된다. 이러한 인구 감소의 유인은 식량의 총생산량이 생존에 필요한 최소한의 식량과 같아질 때 사라진다. 즉 인구(수)가 N_2에서 N_0으로 감소한다. 이처럼 맬서스 경제의 균형은 총생산곡선 $Y = F_1(N)$과 생존에 필요한 최소한의 식량을 나타내는 직선 αN이 교차하는 E점에서 달성된다. 따라서 특정 국가의 인구규모와 식량의 총생산량은 최종적으로 각각 N_0와 Y_0 수준으로 수렴한다.

맬서스 경제에서는 인구(규모)의 증가 혹은 감소가 '식량의 총생산량'과 '생존에 필요한 최소한의 식량' 간의 상대적 크기에 의해 결정된다. 다시 말해 맬서스 경제는 특정 국가나 지역에서 식량의 총생산량이 사람들의 생존에 필요한 최소한의 식량을 초과할 때는 인구가 증가하고, 그 반대로 생존에 필요한 최소한의 식량이 총생산량을 초과할 때는 인구가 감소한다고 제시한다.

⑤ 생산성 향상과 인구규모

우리는 〈그림 2-1〉을 이용해 생산성 향상이 인구규모(인구수)에 어떤 영향을 미치는지 파악할 수 있다. 생산성 향상은 동일한 양의 가변적 생산요소인 노동을 사용하더라도 더 많은 생산을 가능하게 하므로 총생산곡선을 $Y = F_2(N)$와 같이 상방으로 이동시킨다. 이때 현재의 인구 N_0의 노동을 이용해 생산하는 식량의 총생산량이 생존에 필요한 최소한의 식량을 초과하므로 사람들이 출산율을 높여 인구를 증가시킬 유인을 갖는다.

따라서 맬서스 경제는 생산성 향상으로 인해 상방으로 이동한 새로운 총생산곡선 $Y = F_2(N)$이 생존에 필요한 최소한의 식량을 나타내는 직선 αN과 만나는 F점에서 새로운 균형을 달성한다. 즉 생산성 향상은 총생산량을 증가시키고 인구가 늘어나게 유인한다. 그러나 균형점인 E점과 F점은 모두 사람이 먹고사는 데 필요한 최소한의 식량을 나타내는 αN 직선상에 있다. 이는 총생산량이 증가할지라도 인구수가 늘어나 1인당 생산량은 생산성 향상의 이전과 변동이 없음을 의미한다. 즉 사람들의 생활수준은 생산성이 향상되기 이전과 거의 똑같거나 대단히 유사한 수준에 머물러 있다. 왜냐하면 사람들은 생산량이 늘어났음에도 불구하고 인구의 증가로 인해 모든 사람이 생존에 필요한 최소한의 식량만을 소비하기 때문이다.

결론적으로 맬서스 경제에서는 전체 인구수(인구규모)를 줄일 때 1인당 생활수준의 향상이 가능해진다. 다시 말해 맬서스 경제는 특정 국가나 지역의 인구수가 적을수록 생존하는 사람들이 풍요롭게 살 수 있다고 제시한다. 따라서 Malthus(1798)는 빈곤을 방지하기 위해 산아제한·결혼 연기·독신 등을 통해 반드시 출산율을 제한해야 한다고 역설하였으며, 이러한 제한을 '도덕적 억제'(moral restraint)로 표현하였다. Malthus(1798)는 인간의 강렬한 욕망인 성욕을 사회의 악덕(vice)으로 간주하여 '도덕적'(moral)이란 표현을 사용하였다.[1]

⑤ 맬서스 경제의 평가

맬서스 경제의 핵심 내용은 ① 기술진보(생산성 향상)가 생활수준 향상에 기여하지 못하며, ② 소득 상승이 인구증가율을 유인한다고 요약할 수 있다. 이러한 맬서스 경제의 결론은 오늘날의 현실경제와는 상당한 차이가 있다. 왜냐하면 오늘날 기술진보는 생활수준을 향상시키는 핵심 요소이며, 국가 간 자료는 소득수준과 인구증가율 간에 음(-)의 관계가 성립하는 것으로 제시하기 때문이다. 이처럼 맬서스 경제가 오늘날 현실경제와 상이한 이유는 지나치게 단순화한 모형에 기초해 결론을 유도하였기 때문이다.

　예를 들어 맬서스 경제는 노동만을 유일한 생산요소로 고려하여 수확체감의 법칙이 성립한다고 가정한다. 그러나 이 장 제3절에서 살펴볼 인적자본이론에서와 같이 생산요소 간의 상호작용을 통해 외부성[externality, 외

---

[1] Malthus(1798)는 도덕적 억제가 인간의 본능을 억제하는 것이므로 현실적으로 실천하기 어렵다고 판단하였으며, 이에 따라 빈곤·기아·죄악 등의 발생이 불가피하다고 생각하였다. 또한 Malthus(1798)는 영아 살해를 권유하며 빈민 구호를 반대하였다. 역사 비평가인 Thomas Carlyle(1795~1881)은 『인구론』을 읽고 경제학을 '우울한 과학'(dismal science)으로 표현하였다.

부효과(external effect)] 혹은 확산효과(spillover effect)가 생겨날 때는 규모에 대한 수확불변(constant returns to scale) 혹은 규모에 대한 수확체증(increasing returns to scale)이 가능해진다. 또한 맬서스 경제는 사람들이 생존에 필요한 최소한의 식량만을 소비한다고 가정한다. 이는 노동자가 받는 임금이 노동력을 재생산하는 과정에서 필요한 최소한의 수준을 넘어서지 못한다는 것을 의미하므로, 이 가정은 오늘날 시점에서 판단할 때 다분히 비현실적이다.

그렇다면 다른 고전 경제학자들은 인구와 소득수준 간의 관계에 대해 어떤 견해를 가졌을까? 대부분 고전 경제학자는 인구증가가 소득수준과 경제성장에 긍정적인 영향을 미친다고 생각하였다. 예를 들면 Adam Smith(1723~1790)는 1776년에 발표한 『국부론』(*The Wealth of Nations*)에서 "어떤 국가든 그 국가의 번영 정도를 가장 명확히 보여주는 척도는 인구의 증가 수이다"라고 기술하였다. 이때 Smith(1776)가 특정 국가의 '인구수'가 아니라 '인구의 증가 수'로 언급한 이유는 인구수와 인구증가율을 동시에 고려해야 하기 때문이라고 설명하였다. 당시의 경제학자들은 유럽의 인구(증가율) 감소가 경제에 부정적인 효과를 초래한다고 생각하였으며, 인구(수) 부족이 주된 원인으로 작용하여 일부 국가가 자원은 풍족하나 빈곤하다고 분석하였다.[2]

---

2) 이 내용은 서정아 역(Paul Morland 저)의 『인구의 힘』(*The Human Tide*, 2020)에 기초한다.

🖐 오늘날 관점의 맬서스 경제 : 재해석

그런데도 오늘날 많은 저개발 국가나 개발도상국에서는 맬서스 경제가 시사하는 산아제한 정책을 시행하고 있으며,[3] 이는 소득수준 향상에 실질적으로 도움을 주고 있다. 또한 오늘날 우리는 식량·물·지하자원 등의 천연자원(natural resources)을 증가하는 데 어려움을 겪고 있을 뿐 아니라 과다사용으로 인해 인류가 극복해야 할 문제점들에 직면하고 있다. 예를 들어 식량부족이 식량 가격의 폭등을 유발하며, 화석연료의 사용으로 지구 온난화 문제가 큰 이슈로 등장한 지 오래되었다. 이는 오늘날 인간이 살아가는 데 식량과 함께 다양한 자원이 필요하며, 맬서스 경제는 자원량의 증가보다 인구수가 빠르게 증가할 때 1인당 자원량이 줄어들 수 있음을 시사한다. 따라서 맬서스 경제의 결론은 오늘날에도 소비억제·환경보존 등의 필요성에 여전히 큰 시사점을 제공한다.

2 인구증가율과 경제성장 : 솔로우 모형

맬서스 경제의 실효성은 지난 2세기 동안의 보편적 현상인 급격한 인구증가와 소득향상으로 인해 상실하였다. 즉 세계의 인구는 〈표 1-1〉에서와 같이 1820년 이후 꾸준히 증가하였지만, 소득수준은 Malthus(1798)의 예상과는 달리 오히려 상승하였다. 이는 맬서스 경제가 생산과정에서 노동만을 가변적 생산요소로 사용하는 단순한 접근으로 인해 급격한 생산성

---

3) 이후 살펴볼 솔로우 모형에서도 생활수준 향상을 위해 산아제한 정책이 필요하다고 역설한다.

향상을 예상하지 못하였다는 한계에 기인한다. 신고전학파 경제성장 이론 (neoclassical economic growth theory)으로 널리 알려진 솔로우 모형(Solow model, 1956)에서는[4] 생산요소로서 노동과 자본을 고려함으로써 Malthus (1798)의 예상과는 비교가 되지 않을 정도로 높은 생산성 향상이 가능하다고 제시한다.

💾 솔로우 모형의 기본 방정식

솔로우 모형은 맬서스 경제와 비교해 인구와 생산요소 등의 관점에서 명확한 차이가 있다. 맬서스 경제는 인구규모에 초점을 두지만, 솔로우 모형에서는 인구증가율을 중요하게 다룬다. 또한 맬서스 경제에서는 생산요소로 노동만을 가정하지만, 솔로우 모형은 두 가지 생산요소인 노동(N)과 자본(K)을 사용하는 규모에 대한 수확불변의 생산함수를 가정한다. 즉 솔로우 모형의 생산함수는 $Y = F(N, K)$이다. 만약 노동과 자본이 $1/N$만큼 변할 때 노동자 1인당 생산량 $y(= Y/N)$는 노동자 1인당 자본량 $k(= K/N)$에 영향을 받는다.[5] 따라서 노동자 1인당 생산함수는 다음의 식 (2-2)와 같이 나타나며, 이때 노동자 1인당 자본의 한계생산성(marginal product of

---

[4] 솔로우 모형은 솔로우-스완 모형(Solow-Swan model)으로 불리기도 한다. Solow(1956)는 "A Contribution to the Theory of Economic Growth"의 제목으로 1956년 2월, Swan (1956)은 "Economic Growth and Capital Accumulation"의 제목으로 1956년 12월에 각각 다른 저널에 논문을 발표하였다. Robert Merton Solow(1924~2023)는 경제성장 이론에 대한 공헌으로 1987년에 노벨 경제학상을 수상하였으며, 이에 따라 경제성장 이론에 대한 Trevor Winchester Swan(1918~1989)의 공헌이 다소 가려지게 되었다.

[5] 솔로우 모형은 규모에 대한 수확불변의 생산함수를 가정하므로 $Y = F(N, K)$의 양변에 $(1/N)$을 곱하면(즉 노동자 1인당 형태로 바꾸면), 노동자 1인당 생산함수는 $y = f(k)$가 된다.

capital)은 체감한다고 가정한다.

$$y = f(k) \quad (단 \ f'(k) = \frac{dy}{dk} > 0, \quad f''(k) = \frac{d^2 y}{dk^2} < 0 \ ) \tag{2-2}$$

인구증가율이 경제성장에 어떤 영향을 미치는지는 다음의 식 (2-3)과 같은 솔로우 모형의 기본 방정식을 이용해 도출할 수 있다.

$$\dot{k} = s f(k) - nk \tag{2-3}$$

식 (2-3)에서 $\dot{k}\,(= dk/dt)$는 시간(t)이 흐름에 따라 변동하는 노동자 1인당 자본량(k), s는 저축률(저축성향 : 주어진 상수로 가정), $f(k)$는 노동자 1인당 생산함수, n은 노동력 증가율(인구증가율) 및 k는 노동자 1인당 자본량을 의미한다. 따라서 $sf(k)$는 노동자 1인당 저축량(투자량)을 의미하며,[6] nk는 인구증가율을 고려하면서 현재의 k 수준을 유지하기 위해 요구되는 노동자 1인당 필요 투자이다.

🗗 인구증가율과 경제성장

솔로우 모형의 균형은 $\dot{k} = 0$ 혹은 $sf(k) = nk$일 때 달성된다.[7] 〈그림 2-2〉는 인구증가율 상승이 경제성장에 미치는 영향을 제시하며, 이때 인구증가율은 외생적으로 결정된다고(주어진다고) 가정한다. 만약 인구증가율

---

6) 솔로우 모형은 저축된 자원이 모두 투자로 사용된다고 가정한다.
7) 솔로우 모형의 기본가정과 균형에 관한 상세한 논의는 이 책의 주요 목적이 아니므로 생략한다. 솔로우 경제성장 모형에 관심이 있는 독자는 일련의 거시경제학 서적이나 Barro와 Sala-i-Martin(2003), 이명재·남상우(2003), 황진영(2016) 등의 경제성장론 서적을 참고할 수 있다.

이 n_0 에서 n_1 으로 상승하면, 노동자 1인당 필요 투자를 나타내는 직선 n_0k 가 왼쪽 상방인 n_1k 로 이동하며, 경제는 더 낮은 수준의 노동자 1인당 자본축적 k_1 을 형성한다.

왜냐하면 인구증가율이 상승할 때는 노동자 1인당 투자량(자본량)이 노동자 1인당 필요 투자에 미치지 못하게 되므로, $\dot{k}<0$ 이 되어 노동자 1인당 자본량이 하락하기 때문이다. 즉 균형점이 E_0 에서 E_1 로 이동하고, 노동자 1인당 자본량은 k_0 에서 k_1 로 줄어든다. 노동자 1인당 생산량(소득수준, y)은 식 (2-2)에서와 같이 노동자 1인당 자본량(k)으로 결정되므로, 낮은 수준으로 k의 이동은 소득수준이 줄어드는 음(-)의 경제성장률로 이어진다.

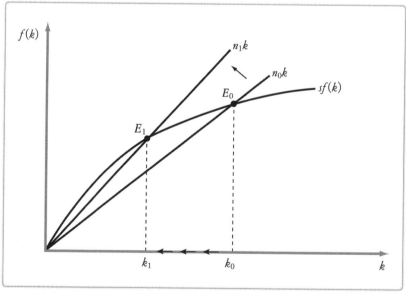

그림 2-2 솔로우 모형의 인구증가율 상승

따라서 솔로우 모형은 외생적으로 주어지는 인구증가율 상승이 노동자 1인당 생산량을 감소시키는, 즉 소득수준 하락과 음(-)의 경제성장으로 이어진다. 만약 외생적으로 주어지는 인구증가율이 하락할 때는 nk 직선이 오른쪽 하방으로 이동하게 되며, 이는 새로운 균형에서 노동자 1인당 자본량을 증가시켜 소득수준 향상과 양(+)의 경제성장을 유도한다. 따라서 솔로우 모형은 높은 경제성장을 달성하기 위해 반드시 인구증가율을 줄일 것을 요구한다.

③ 솔로우 모형의 평가

우리는 인구증가율이 경제성장에 미치는 영향을 제시한 솔로우 모형에서 간과해서는 안 될 다음의 두 가지 사항을 지적하고자 한다. 첫째, 솔로우 모형은 경제변수가 모두 일정한 속도로 성장하는 균형성장(balanced growth) 모형이므로 인구증가율이 외생적으로 변동할지라도 경제는 완전고용을 유지하면서 균형성장이 가능하다. 또한 솔로우 모형의 균형에서는 생산량이 증가하는 생산함수를 통해 소득수준이 결정된다. 이는 솔로우 모형에서 결정되는 소득수준이 맬서스 경제에서 결정되는 소득수준과는 비교할 수 없을 정도로 높은 수준일 수 있음을 의미한다.

　둘째, 우리는 인구증가율이 낮은 국가에 비해 인구증가율이 높은 국가가 현실 세계에서 상대적으로 가난한 사례를 쉽게 찾을 수 있다. 즉 솔로우 모형은 오랜 기간 미개발 혹은 저개발 국가에서 높은 인구증가율과 낮은 소득수준이 동시에 나타난 이유를 적절히 설명한다. 이러한 결과는 맬서스 경제에서 소득향상을 위해 인구증가를 억제해야 한다는 결과와 상응할 수 있는데, 그 이유는 인구증가율의 변동으로 인구규모가 조정되기 때문이다.

따라서 솔로우 모형은 '다른 모든 조건이 일정할 때'(ceteris paribus) 인구증가율이 상승할수록 소득수준이 줄어든다고 제시한다. 이러한 결과는 인구(노동자)가 급격히 증가할 때 현재 생산량의 많은 부분이 새로운 인구(노동자)가 사용해야 하는 자본으로 충당되어야 한다는 모형의 기본가정으로 인해 생겨난다. 따라서 솔로우 모형은 인구증가율을 억제하는 정책이 소득수준과 경제성장 향상에 기여할 수 있음을 시사한다.

🔁 솔로우 모형의 한계점

그러나 솔로우 모형의 결론이 다음의 여러 가지 이유로 인해 오늘날의 현실 세계에서는 쉽게 받아들여지지 않는다. 즉 오늘날 대부분 경제학자는 인구증가율 억제를 정책목표로 설정해야 한다는 솔로우 모형의 결론에 동의하지 않는다. 비록 〈그림 2-2〉에서 인구증가율의 감소, 즉 nk 선의 우측 이동이 노동자 1인당 소비를 증가시키지만, 이는 동시에 균제상태(steady state)에서 인구증가율이 줄어든 만큼 총생산 및 총소비의 증가율을 감소시킨다. 여기서 균제상태란 "경제변수의 크기는 변동하지만, 경제변수가 모두 일정한 속도로 성장하는 균형성장경로(balanced growth path)를 따라 움직이는 상태"를 의미한다. 결론적으로 인구규모가 줄어든다는 사실이 1인당 소득을 증가시키지만, 이는 동시에 경제 전체의 총생산 능력을 감소시킨다.

일부 국가에서는 정치적·군사적 등의 이유로 1인당 생산량 혹은 소득수준과 함께 경제 전체의 총생산 및 총소비에도 관심을 가진다. 한국, 일본 및 유럽 국가 등에서는 실질적으로 인구수가 줄어들고 있거나 조만간 줄어들 것으로 전망되므로, 인구 감소에 따른 경제적·정치적·사회적 효과를 걱정하고 있다.[8] 인구가 줄어드는 국가에서는 그들 국가를 스스로 방어할 수 있는 능력이 줄어들거나 심지어 상실할 수 있다고 두려워한다. 또한 우리는 세계의 중요한 사건이나 안건을 결정하는 과정에서 인구가 감소하는 국가의 영향력이 상대적으로 줄어들게 되므로, 그들 국가가 국제 사회에서 현재의 경제적·정치적·군사적 영향력을 행사하는 데 어려움이 생겨날 것으로 예상할 수 있다.

　또한 솔로우 모형은 인구증가율이 경제성장에 미치는 영향을 분석하는 과정에서 "전체 인구 대비 생산가능인구 비율(%)"이 고정되어 있다고 가정한다. 이러한 가정은 인구구조가 급격히 변동하는 오늘날 관점에서 성립하지 않을 뿐 아니라 비현실적이다. 예를 들어 20세기 중반 이후 대부분 산업화된 국가에서는 출산율이 급격히 감소하고 있는데, 이는 전체 인구 대비 생산가능인구 비율을 급격히 줄어들게 만든다. 또한 오늘날 대부분 국가에서는 사망률 감소와 생존 연령의 확대로 인해 고령인구가 급격히 증가해 전체 인구(규모)는 큰 변동이 없을지라도 생산가능인구 비율이 줄어들고 있다. 이에 따라 오늘날 인구에 관한 경제학의 주요 관심은 인구규모나 인구증가율이 아닌 인구구조로 이동하였다.

---

[8] 이 장 제4절의 〈표 2-1〉에는 생산가능인구가 감소하는 국가의 예를 제공한다.

🔢 기술진보 : 맬서스 경제와 솔로우 모형의 차이

마지막으로 기술진보가 소득수준과 경제성장에 미치는 영향은 맬서스 경제와 솔로우 모형 간에 명확한 차이가 있다. 맬서스 경제에서는 생산성을 향상시키는 기술진보가 외생적으로 발생할지라도 1인당 생산량이 변동하지 않으므로 소득수준의 상승으로 이어지지 않는다. 왜냐하면 생산성 향상이 총생산량을 증가시키지만, 동시에 인구가 늘어날 유인으로 작용해 1인당 생산량 수준이 같아지기 때문이다.

그러나 솔로우 모형에서는 지속적인 소득수준 향상과 경제성장의 원동력으로 기술진보의 중요성을 제시한다. 솔로우 모형은 저축성향(s) 증가나 인구증가율(n) 감소가 경제성장에 도움을 주지만, s 나 n 의 조정에는 현실적인 한계가 존재한다. 즉 저축률은 100%를 초과할 수 없으며, 낮은 인구증가율을 더 감소시키기 데는 어려움이 있다. 따라서 솔로우 모형은 지속적인 경제성장을 위해 지술진보의 중요성을 무엇보다 강조한다.

기술진보는 〈그림 2-2〉에서 $sf(k)$ 곡선을 상방으로 이동시켜 1인당 자본량(k)과 1인당 생산량(y)을 증가시킨다. 그런데도 솔로우 모형은 자본의 한계생산성 체감의 법칙을 가정함으로써 기술진보가 외생적으로 발생하며(주어지며), 경제 내에서 기술진보를 이룰 수 있는 어떤 방법론을 제공하지 못한다는 한계를 지닌다. 이에 따라 우리는 솔로우 경제성장 모형을 외생적 성장이론(exogenous growth theory)으로 부르기도 한다. 기술진보가 경제 내 변수 간의 외부효과(외부성) 혹은 확산효과를 통해 이루어질 수 있다는 이론은 1980년대 중반 이후 형성된 신성장이론(new growth theory) 혹은 내생적 성장이론(endogenous growth theory)이 제공한다.[9] 이는 다음 절의 인적자본이론에서 간단히 살펴본다.

3 인적자본이론

지금까지 살펴본 맬서스 경제와 솔로우 모형은 특정 국가가 소득수준 향상과 경제성장을 촉진하기 위해 인구규모의 감소와 인구증가율의 억제가 무엇보다 중요하다고 주장한다. 이 모형들에서는 노동이 자연에서 주어지는 것으로 간주하여 모든 사람의 노동(력)이 동일하다고 가정한다. 그러나 내생적 성장이론은 단순히 노동의 양이 아닌 질적 측면을 반영하는 인적자본을 강조한다. 이 절에서는 인적자본이 어떻게 경제성장에 기여하는지 살펴본다.

🖥 인적자본의 개념과 측정

인적자본(human capital)은 "노동생산성을 향상시키는 노동의 다양한 질적 수준을 의미하며, 흔히 개인이 보유한 능력(ability)·기술 숙련도(skill)·지식(knowledge) 등을 포괄하는 개념"으로 사용된다.[10] 즉 Abel 등(2011)은 인적자본을 "개개인의 지식, 기술 및 훈련에 대한 경제학적 표현"으로 정의한

---

9) Paul Michael Romer(1955~)는 내생적 성장이론의 선구자로서 기술진보가 장기적인 거시경제에 미치는 영향을 파악한 공로로 2018년에 William Dawbney Nordhaus(1941~)와 공동으로 노벨 경제학상을 수상하였다.

10) 이러한 인적자본의 정의는 이종화(2023)의 논의에 기초한다.

다. 특정 국가가 자본을 축적하고 부유해짐에 따라 더 많은 자원을 건강 상태의 개선과 관리, 학교교육, 직업훈련 등과 같이 '인간에 대한 투자'에 사용하며, 이는 국가 전체의 인적자본을 증가시켜 생산성 향상에 기여한다.

내생적 성장이론은 인적자본이 물적자본(physical capital)과 마찬가지로 외생적으로 주어진 것이 아니라 경제 내에서 생산된 것이며, 생산성 향상에 기여함으로써 임금 상승과 같은 형태로 수익 증대를 유발한다고 설명한다. 즉 노동자가 인적자본을 더 많이 보유할수록 생산성을 높이는 데 기여할 뿐 아니라 더 많은 임금(수익)을 받는다.

이처럼 인적자본은 개념상 모호성으로 인해 그 측정에는 상당한 어려움이 존재한다. 그런데도 선행연구는 특정 국가나 지역의 인적자본 정도를 크게 ① 질적 수준을 반영하는 교육성과 지표나 ② 인적자본을 통해 얻는 수익을 바탕으로 추정하는 방법을 이용해 측정하였다. 즉 선행연구는 인적자본을 반영하는 지표로 학생들의 국제시험 성적이나 노동시장의 성과 등으로 파악하였다. 일부 문헌에서는 인적자본을 성인의 평균 교육연수와 같은 지표로 측정하였지만, 이 지표는 인적자본을 온전하게 반영하지 못한다. 왜냐하면 교육에 투자한 총량이 같다고 할지라도 교육의 질에 따라 생산성에 미치는 효과가 달라질 수 있기 때문이다.

경제협력개발기구(OECD)가 주관하는 국제학업성취도평가(Programme for International Student Assessment, PISA)는 세계 각국의 만 15세 학생을 대상으로 언어(읽기)·수학·과학 지식을 바탕으로 실생활의 문제 해결력을 공통적인 시험문제로 측정한다. 선행연구에서는 국제시험 성적의 결과가 학생들의 장래 노동시장에서의 생산성을 예측할 수 있게 하는 좋은 지표이며,

각 국가의 언어(읽기)·수학·과학의 평균 시험성적이 소득수준과 매우 높은 양(+)의 상관관계를 형성한다고 제시하였다.[11] 그러나 우리가 만 15세 학생들의 국제시험성적이 미래 성인의 인적자본으로 온전하게 연결된다고 믿기에는 어려움이 있다. 왜냐하면 인적자본 형성에는 이상의 측정에서 고려하지 않은 대학교육과 함께 직장교육·현장교육·숙련교육 등도 중요하게 작용하기 때문이다.

또한 OECD는 2011년 이후 39개 국가의 16~65세 성인을 대상으로 국제성인 역량조사(Programme for the International Assessment of Adult Competencies, PIAAC)를 약 10년 주기로 실시하고 있다. OECD(2013)는 PIAAC이 직장에서 활용할 수 있는 문해력(literacy), 수리력(numeracy), 컴퓨터 기반 환경에서 문제해결 능력(problem solving)을 조사하여 성인의 직무능력을 직접적으로 측정하는 데 목적이 있다고 설명한다. 일련의 선행연구에서는 이상의 자료를 바탕으로 성인들의 직무능력이 노동자의 임금수준과 밀접하게 관련된다고 제시하였다. 예를 들어 Hanushek 등(2015)은 OECD가 2011년 8월부터 2012년 3월까지 수집한 23개 국가의 자료를 바탕으로 수리력이 1 표준편차만큼 증가하면 평균적으로 장년층(prime age) 근로자의 임금이 18% 증가하는 것으로 추정하였다.

Bratsberg와 Terrell(2002)은 특정 국가의 인적자본을 교육으로 얻는 수익으로 관측하였다. 구체적으로 Bratsberg와 Terrell(2002)은 1980년과 1990년의 미국 센서스(census) 자료에 기초한 미국 이주민을 대상으로

---

[11] Altinok와 Murseli(2007), Hanushek과 Kimko(2000), Lee와 Barro(2001) 등은 국가 간 교육의 질적 수준 차이를 학생들의 국제시험 성적으로 반영하였다.

노동시장에서의 수입에 근거하여 출신 국가별 교육의 질 혹은 인적자본의 정도를 측정하였다. 그들은 미국 이주민의 출신 국가별 인적자본을 교육, 경험 및 다른 잠재적 결정요인들을 통제한 상황에서 출신 국가에서 1년을 더 교육받았을 때 미국 노동시장에서 받게 되는 수입의 변화분을 추정하여 생성한 값으로 파악하였다. 따라서 특정 국가가 더 많은 인적자본을 형성하기 위해서는 교육의 양적 확대, 질적 개선 및 기회균등 등 다양한 요인을 동시에 고려해야 한다.

⑤ 인적자본과 경제성장 : 이론적 논의

일련의 내생적 성장이론에 근거한 연구결과는 인적자본이 노동자의 개인적인 수익 창출을 위해 중요할 뿐만 아니라 국가 전체의 경제·정치·사회 발전에 큰 영향을 미친다고 주장하였다.[12] 우리는 인적자본이 지속적이고 안정적인 경제성장에 기여하는 몇 가지 전달경로를 다음과 같이 요약할 수 있다.

- 생산요소로서 인적자본은 노동생산성(통상적으로 "일정 기간 생산에 투입된 노동(노동자의 수와 노동시간)에 대한 생산물의 비율")을 높여 직접적으로 경제성장에 기여한다.

---

[12] 1960년대 전후 인적자본에 관한 연구는 1979년 노벨 경제학상 수상자인 Theodore William Schultz(1902~1998)와 1992년 노벨 경제학상 수상자인 Gary Stanley Becker(1930~2014) 등을 중심으로 진행되었다. 내생적 성장이론이 도입된 이후에는 1995년 노벨 경제학상 수상자인 Robert Emerson Lucas Jr.(1937~2023)가 경제성장 이론의 발전에 큰 영향을 미친 그의 논문 "On the Mechanics of Economic Development"(1988)에서 지속적 경제성장을 달성하기 위해 무엇보다 인적자본의 축적이 요구된다고 역설한 이후 많은 선행연구에서 인적자본의 중요성을 강조하였다.

- 인적자본이 물적자본과 결합할 때는 두 자본의 상대적 희소성으로 한계생산성을 지속해서 증가시킬 수 있다.[13]
- 인적자본 간에 양(+)의 외부성이 존재할 때는 우수한 인적자본이 많아질수록 상호 간 생산성을 높이는 효과가 발생하여 경제성장을 높일 수 있다.
- 인적자본은 기술발전을 유도하는 모방(imitation)과 혁신(innovation)을 수월하게 함으로써 경제성장에 기여한다.
- 부모의 인적자본 수준이 자녀의 출산과 교육의 질을 결정하는 중요한 요인이다. 부모의 인적자본은 그들의 소득수준을 상승시키는 요인으로 작용하며, 이는 동시에 출산과 양육의 기회비용을 증가시키는 요인이므로 부모는 자녀의 수는 줄이는 대신 교육(자녀의 질)에 더 투자하여 자녀의 인적자본을 높이려는 효과를 유도한다.[14] 따라서 인적자본은 세대 간 연결을 통해 지속적인 인적자본과 경제성장을 높이는 효과가 있다.

인적자본이 물적자본과 결합할 때 상대적 희소성이 어떻게 두 자본의 한계생산성을 지속해서 증가시킬 수 있는지를 설명하면 다음과 같다. 우리는 어떤 상품을 생산하기 위해 생산요소로서 기계와 같은 물적자본과 교육을 통해 형성된 인적자본을 동시에 사용해야 한다고 가정한다. 만약 인적자본의 양이 일정한 상태에서 물적자본의 양이 증가하면, 한계생산성

---

13) 이 내용의 보충 설명은 이 절 이하에 나타나 있다.
14) 이러한 자녀의 양과 질 간의 상충관계(quantity-quality tradeoff relationship)는 저출산을 논의하는 제4장에 나타나 있다.

체감의 법칙으로 인해 물적자본의 한계생산성은 체감한다. 이때 인적자본은 상대적으로 희소해지므로 인적자본의 한계생산성이 물적자본의 경우에 비해 상대적으로 높아진다.

이는 한계생산성이 상대적으로 높은 인적자본에 대한 투자의 증가를 유도하며, 다음 단계에서는 더 많아진 인적자본의 한계생산성이 체감하는 결과를 초래한다. 인적자본의 증가로 인해 인적자본이 물적자본보다 상대적으로 풍부해지면, 상대적으로 희소해진 물적자본의 한계생산성이 인적자본의 경우에 비해 상대적으로 높아진다. 이러한 상대적인 물적자본의 한계생산성 증가는 다시 물적자본에 대한 투자를 증가시키는 효과를 유발한다.

이처럼 내생적 성장이론은 물적자본과 인적자본의 상대적 희소성이 계속해서 생겨나면, 두 자본을 번갈아 가면서 지속해서 증가시킬 수 있다고 제시한다. 따라서 물적자본과 인적자본을 동시에 축적한 경제에서는 자본의 한계생산성이 감소하지 않으면서 지속적이고 항구적인 경제성장을 달성할 수 있다. 비록 물적자본 혹은 인적자본이 상품의 생산과정에서 독립적으로 사용될 때는 자본의 한계생산성이 체감할 수 있지만, 두 자본이 생산과정에서 모두 사용될 때는 두 자본 간의 외부효과 혹은 확산효과로 인해 자본의 한계생산성이 체감하지 않을 수 있다.

다시 말해 인적자본의 양이 일정한 상태에서 물적자본의 양이 증가하면, 물적자본의 각 단위는 사실상 더 적은 양의 인적자본과 상호작용을 통해 산출물을 생산하므로 물적자본의 한계생산성은 체감한다. 그러나 내생적 성장이론은 이미 언급한 외부효과 혹은 확산효과로 인해 물적자본이 증가함에 따라 인적자본도 동일 비율로 증가하는 경향이 있다고 주장한다. 따라서 물적자본이 증가할 때 사실상 물적자본의 각 단위는 동일한 양의 인적자본과 작용하므로 자본의 한계생산성이 감소해야 할 이유가 존재하지 않는다.

그러나 우리는 물적자본을 지속해서 증가시킬 수 있을지라도, 인적자본을 지속해서 증가시키는 데는 현실적인 많은 제약이 있을 수 있음을 인식해야 한다. Lucas(1988)의 인적자본 모형에서는 인적자본의 한계생산성이 체감하지 않을 수 있으므로 교육부문의 효율성 혹은 생산성이 충분히 클 때 인적자본 축적은 균제상태에서 영원히 증가할 수 있다고 주장하였다. 이는 특정 국가에서 교육부문의 효율성 혹은 생산성이 충분히 클 때는 지속적인 경제성장이 가능할 수 있음을 의미하며, 성장을 위한 교육투자의 중요성을 강조한다. Lucas(1988) 모형에서의 교육은 인적자본을 증가시킬 수 있는 학교교육·직장교육·현장교육·숙련교육 등을 망라하는 개념이다.

🖐 인적자본과 경제성장 : 실증적 분석

이처럼 인적자본이 경제성장에 미치는 영향에 관한 이론적 논의는 비교적 명확하다. 그렇다면 이상의 두 변수 간의 실증연구 결과는 이론적 논의를 뒷받침할 수 있을까? 실증연구에는 이미 언급한 바와 같이 ① 정확한 인적자본 측정의 한계와 ② 인적자본이 경제에 미치는 외부효과 혹은 확산효과를 고려할 수 없다는 문제점 등이 존재한다. 경제성장에 관한 실증연구는 성장회계분석과 성장회귀분석을 중심으로 이루어졌다.

성장회계분석

성장회계분석(growth accounting analysis)은 경제성장의 원인을 노동(N)·자본(K)·기술진보 등으로 분해해 성장에 대한 기여도를 찾는 방법이다. 즉 경제성장 방정식이 콥-더글러스(Cobb-Douglas) 생산함수, 즉 $Y = AK^{\alpha}N^{1-\alpha}$를 사용할 때 양변에 자연로그를 취한 다음 시간에 대해 미분해서 정리하면, 다음의 식 (2-4)와 같이 분해된다.

$$\frac{\dot{Y}}{Y} = \frac{\dot{A}}{A} + \alpha\frac{\dot{K}}{K} + (1-\alpha)\frac{\dot{N}}{N} \qquad (2\text{-}4)$$

식 (2-4)의 왼쪽 항 $\frac{\dot{Y}}{Y}$는 현재의 생산량(Y) 대비 시간이 흐름에 따른 생산량의 변화($\dot{Y} = \frac{dY}{dt}$, t는 시간), 즉 경제성장률을 나타낸다. 또한 오른쪽 항의 $\frac{\dot{A}}{A}$는 현재의 기술수준(A) 대비 시간이 흐름에 따른 기술수준의 변화($\dot{A} = \frac{dA}{dt}$), 즉 기술진보 증가율(혹은 TFP 증가율)을[15] 의미하며, α와 $(1-\alpha)$는 각각 자본소득분배율과 노동소득분배율이다.

따라서 식 (2-4)는 (경제성장률) = (기술진보 증가율) + [(자본소득분배율) × (자본 증가율)] + [(노동소득분배율) × (노동 증가율)]이 성립함을 제시한다. 우리는 식 (2-4)를 이용해 노동·자본·기술진보의 경제성장 기

---

[15] 성장회계분석은 경제성장의 원인으로 ① 노동·자본과 같은 생산요소의 투입량 증가로 설명되는 부분과 ② 요소 투입량 증가로는 설명되지 않는 부분인 잔차항(residual)의 두 부분으로 구분한다. 이때 잔차항은 생산성 향상에 영향을 미치는 여러 가지 요인, 즉 기술진보·제도·관습·문화 등을 포함한다. 우리는 잔차항에 포함되는 개별 항목이 경제성장에 미치는 영향을 정확히 파악하기란 불가능하므로 잔차항에 해당하는 모든 분야의 성장요인을 총칭해 '총요소생산성'(Total Factor Productivity, TFP)이라 일컫는다. 많은 문헌에서는 TFP의 증가를 기술진보와 거의 유사한 개념으로 사용한다.

여도를 계산할 수 있다.

성장회귀분석

성장회귀분석(growth regression analysis)은 각 국가의 성장 경험을 바탕으로 설정한 회귀분석을 통해 경제성장률의 결정요인(혹은 국가 간 경제성장률 차이의 원인)을 찾는 방법이다. 즉 성장회귀분석은 국가 간 패널자료(panel data)를 이용해 실질 1인당 GDP 증가율의 결정요인을 분석한다. 우리는 경제성장 회귀방정식을 식 (2-5)와 같이 설정할 수 있다.

$$\frac{\dot{Y}}{Y} = f(a, b, c, \cdots\cdots) \tag{2-5}$$

식 (2-5)는 특정 국가에서 a, b, c 등과 같은 요인들이 변할 때 경제성장률($\dot{Y}/Y$)이 변동한다는 것을 축약한 형태(reduced form)로 나타낸다. 혹은 국가 간 경제성장률의 차이는 a, b, c 등과 같은 요인들이 국가마다 다르므로 생겨난다. 이러한 a, b, c 등과 같은 요인들의 변동이 경제성장률에 미치는 영향의 크기는 추정(estimation) 및 검정(test) 결과에 의존한다. 성장회귀분석은 모든 국가와 시기에 공통으로 적용되는 성장 동력을 제시하지는 못한다. 왜냐하면 국가마다 경제적 상황이나 성장의 형태가 다를 수 있으며, 국가별 경제적·정치적·사회적·문화적·환경적 요인들이 상당히 다양하기 때문이다.

경제성장에 관한 실증적 선행연구는 이상의 두 가지 방법론에 기초해 대단히 방대하게 이루어졌다.[16] 이 절에서는 인적자본을 고려한 Barro와 Lee(2015)의 결과를 간단히 소개한다. Barro와 Lee(2015)는 83개 국가 간 자료를 이용한 성장회계분석을 통해 1961~2010년의 노동자 1인당 GDP의 연평균 성장률이 2.64%였으며, 인적자본 증가의 기여도는 0.6% 포인터, 즉 인적자본이 1인당 생산량 증가율에 약 22% 기여한 것으로 관측하였다. 이러한 성장회계분석의 결과는 인적자본과 경제성장률(생산량 증가율로 측정) 간의 관련성만을 언급할 뿐 두 변수 간의 인과관계를 제시하지는 못한다는 한계를 지닌다.

또한 Barro와 Lee(2015)는 1960~2010년의 76개 국가를 대상으로 설정한 성장회귀분석을 통해 경제성장에 영향을 미치는 것으로 알려진 일련의 설명변수를 통제한 상황에서 1인당 평균 교육연수가 경제성장률에 통계적으로 유의한 양(+)의 영향을 미치는 것으로 추정하였다.[17] 그러므로 지금까지의 이론적·실증적 연구결과는 특정 국가가 지속적인 기술진보와 경제성장을 추구하기 위해서는 인적자본의 축적이 반드시 요구된다고 제시한다.

🔁 인적자본의 축적

인적자본은 물적자본과 마찬가지로 외생적으로 주어진 것이 아니라 교육의 질적 개선을 통해 생산된 것이며, 생산성 향상에 기여하고 임금 상승과 같은 형태의 수익을 발생시킨다. 그렇지만 인적자본이 교육을 통해서만 형성되는 것은 절대 아니다. 왜냐하면 교육의 질적 수준이 매우 높은 국가일지라도 사람들이 건강하지 않으면, 인적자본을 형성하는 데 어려움이

---

16) 황진영(2016)은 경제성장에 관한 실증적 선행연구의 요약을 제공한다.
17) 이미 언급하였듯이 평균 교육연수가 인적자본을 온전하게 반영하는 데는 한계가 있다. 즉 우리가 특정 국가의 인적자본 축적을 온전히 반영하는 변수를 찾기란 현실적으로 불가능하다.

생겨나기 때문이다.

따라서 인적자본은 양질의 건강과 교육을 통해 형성되고 축적된다. 즉 국민들의 건강과 교육 수준이 높은 국가일수록 인적자본 축적이 많이 된 국가일 가능성이 크다. 전체 노동자의 건강 상태 개선은 소득수준과 경제성장을 높이는 데 기여한다. 왜냐하면 노동자의 건강 상태 개선은 노동자가 더 열심히 일할 수 있는 여건을 마련하며, 건강 문제로 인해 노동능력을 상실하는 사람의 수를 줄일 수 있기 때문이다. 또한 이상의 논리와는 반대의 인과관계, 즉 소득수준 향상이 노동자의 영양상태를 개선하고 의료접근성을 높여 건강증진에 영향을 미칠 수 있다. 이처럼 건강 상태와 소득수준은 서로서로 영향을 주고받는 상호작용을 통한 승수효과(multiplier effect)를 유발한다.

특정 국가가 교육에 투자하는 이유는 인적자본을 축적하기 위해서이다. 사람들이 생산성 향상을 위해 기계 구매와 같이 물적자본에 투자하듯이 교육에 대한 비용 지출이 인적자본에 대한 투자이다. 국가 간 자료는 교육투자와 소득수준 간에 밀접한 양(+)의 상호관련성이 성립하는 것으로 제시한다. 일반적으로 건강의 개선에는 한계가 존재할 수 있지만, 양질의 교육은 생산성 향상을 통해 끊임없이 증가시킬 수 있으므로 소득수준이 높아질수록 안정적이고 지속적인 경제성장을 위해 교육을 통한 인적자본 축적의 중요성이 점증한다.

지금까지 설명한 이론들은 인구규모가 증가하고 인구증가율이 양(+)의 값을 갖는 시대에 만들어졌다. 그러나 오늘날 많은 국가에서는 출산율 감소와 고령인구 증가로 인해 생산가능인구의 감소를 경험하고 있다. 제1장에서 살펴본 인구배당 효과는 저출산 경제로 전환하는 과정에서 생산가능인구가 증가(1차 인구배당 효과)하거나, 고령층 인구의 경제활동 참여 확대로 생산가능인구가 증가(2차 인구배당 효과)할 때 생겨난다.[18] 그러나 출산율 감소와 고령인구 증가가 지속될 때는 생산가능인구가 감소하게 되어 인구배당 효과는 끝나게 된다.

🔄 세계적인 생산가능인구 감소

오늘날 많은 국가에서는 지속적인 저출산과 고령화로 생산가능인구가 감소하고 있다. 〈표 2-1〉은 이근태·이지선(2017)이 OECD Data를[19] 바탕으로 정리한 것으로 OECD 국가 중에서 1970~80년대에 헝가리·에스토니아·라트비아와 같이 인구수가 상대적으로 적은 동유럽국가, 1990년대에 이탈리아·일본·독일과 같이 상대적으로 인구수가 많은 국가에서 생산가능인구 감소를 경험한 것으로 제시한다. 21세기 이후에는 생산가능인구 감소 추세가 대부분 산업화된 국가로 확산하여 오늘날 인구 감소는 세계

---

[18] 또한 (순)이주의 확대가 생산가능인구를 증가시킬 수 있다.

[19] OECD Data는 국가 간 다양한 자료를 제공하며, https://www.oecd.org/en/data.html 에서 내려받을 수 있다.

표 2-1 생산가능인구의 감소

(단위 : 만 명)

국가	시작 연도	최고점 생산가능 인구	2015년 생산가능 인구	국가	시작 연도	최고점 생산가능 인구	2015년 생산가능 인구
헝가리	1973	708	662	스페인	2009	3,176	3,075
에스토니아	1989	104	85	덴마크	2010	363	360
라트비아	1989	178	134	핀란드	2010	355	348
이탈리아	1992	3,981	3,980	네덜란드	2010	1,114	1,108
일본	1995	8,726	7,682	폴란드	2101	2,747	2,631
독일	1998	5,599	5,343	슬로베니아	2010	142	139
포르투갈	2008	704	678	그리스	2013	751	749
체코	2009	743	702	프랑스	2014	4,077	4,074
아일랜드	2009	310	302	노르웨이	2014	338	321
슬로바키아	2009	388	384				

출처 : 이근태·이지선(2017)

적인 문제로 대두되고 있다.

우리나라에서도 생산가능인구가 2020년 이후 지속해서 감소하고 있다. 통계청은 생산가능인구가 2016년에 3,760만 명과 2019년에 3,763만 명 사이에서 조금씩 변동하다가 이후 지속해서 감소한다고 제시한다. 또한 통계청은 장래인구추계를 통해 현재의 인구변동이 지속할 때 생산가능인구는 2030년에 3,417만 명, 2040년에 2,903만 명, 2050년에 2,445만 명, 2060년에 2,069만 명으로 줄어든다고 전망한다.[20] 우리는 생산가능

---

20) 이 자료는 통계청 국가통계포털에서 제공하며, 인구변동 요인별 중위 가정을 조합한 중위 추계이다.

인구의 감소가 직관적으로 총공급과 총수요를 줄어들게 만들어 경제성장에 부정적 영향을 미칠 것으로 예상할 수 있다.[21]

🖐 노동 감소에 따른 경제성장 효과

생산요소로서 노동은 다른 생산요소와 보완적 혹은 대체적 관계를 형성해 상품과 서비스를 만들어내고, 이들 생산요소의 결합이 기술진보에 영향을 미칠 뿐 아니라 경제 전체에 외부효과 혹은 확산효과를 유발한다. 예를 들어 기업은 노동이 감소할 때 물적자본을 늘려 노동을 대체할 수 있으며, 이는 자본집약적 혹은 기술집약적인 산업 발전을 유도할 수 있다. 즉 오늘날 현실경제에서는 노동을 대체할 수 있는 기계 혹은 인공지능(Artificial Intelligence, AI) 등이 사용되고 있다. 그러나 노동과 자본이 생산과정에서 보완적으로 사용될 때는 노동 감소가 물적자본의 생산성을 떨어뜨리므로 기업의 투자 유인을 감소시킨다. 따라서 우리는 노동의 감소가 상당히 복잡하고 다양한 전달경로를 통해 경제성장에 영향을 미칠 것으로 예상할 수 있다.

노동이 특정 국가의 소득수준과 경제성장을 결정하는 중요한 요인 중 하나이지만, 설령 노동이 감소할지라도 다른 생산요소가 증가하거나 생산성 향상 혹은 기술진보가 이루어질 때는 경제성장이 충분히 가능하다. 또한 생산가능인구의 감소가 직접적인 노동량의 감소로 연결되지 않을 수도 있다. 왜냐하면 노동량은 단순히 인구수나 생산가능인구의 크기가 아닌

---

[21] 생산가능인구의 감소가 거시경제에 미치는 영향은 제4장과 제5장에서도 검토한다.

경제활동 참여율·취업률·노동시간·노동조건 등 다양한 요인에 의해 결정되기 때문이다. 이처럼 노동의 감소가 산업과 경제에 미치는 영향은 복합적 요인들에 의해 결정되므로, 노동 감소를 성장 모형에 명시적으로 도입해 분석한 선행연구는 대단히 제한적으로 이루어졌다.

오히려 내생적 성장이론에 근거한 일부 선행연구에서는 인구의 크기가 기술진보율에 긍정적 영향을 미쳐 장기적인 경제성장을 결정하는 주요 요인일 수 있다고 주장하였다.[22] 이러한 연구결과는 1990년대 초반에 큰 반응을 일으켰지만, 오늘날에는 이상의 결과가 실증적으로 뒷받침되지 않을 뿐만 아니라 강한 가정에 기초한 모형이므로 설득력을 잃었다. 최근의 연구결과인 Hopenhayn 등(2022)은 신규 기업이 시장진입을 결정하는 주요 요인으로 노동의 증가율(인구증가율)을 제시하였으며, 인구증가율이 감소할수록 신규 기업의 진입률이 낮아지는 것으로 파악하였다. 따라서 인구 감소가 오늘날의 관점에서 경제성장에 미치는 영향을 정확히 제공하기란 쉽지 않은 과제이다.

내생적 성장이론이 설명하듯이 균형성장경로, 즉 "노동량·자본량·생산량 등이 일정한 비율로 성장하는 경로"에서는 인구가 감소할지라도 경제성장이 비례해서 감소하지 않으며, 내생적으로 결정되는 물적자본과 인적자본의 축적률, 기술진보율 등이 경제성장을 결정한다. 그러므로 인구가 감소하는 경제에서도 균제상태에서의 지속적인 경제성장이 생산함수의 특성, 저축률, 감가상각률 등 여러 파라미터(parameter)의 값에 따라 증가하

---

22) 이런 부류의 선행연구로는 Kremer(1993), Romer(1990) 등을 들 수 있다.

거나 정체될 수 있다.

　이종화(2023)는 몇몇 경제성장 모형에 통계청의 장래인구추계를 사용한 인구 감소를 고려하고, 균형성장경로에 근거해 2060년까지의 우리나라 경제성장률을 시뮬레이션(simulation)하였다. 구체적으로 이종화(2023)는 2050~60년 연평균 1인당 GDP 증가율을 1.5~2.9%로 추정하였다. 이처럼 경제성장률 추정값이 구간으로 관측되는 이유는 추정값이 파라미터의 값에 의존하기 때문이다. 또한 이종화(2023)는 노동의 질적 개선·기술진보·물적자본 투자율 등을 높은 수준으로 유지할 때 높은 성장경로를 따라 지속적인 경제성장이 가능할 수 있다고 주장하였다.

　이근태·이지선(2017)은 생산가능인구가 감소한 국가들의 경험을 바탕으로 잠재성장률이 하락한 상황에서 부동산 시장의 거품이나 재정의 확대를 통해 경제성장을 유지한 국가들의 경제위기 가능성이 컸다고 지적하였다. 또한 그들은 생산성 향상을 실패한 국가에서는 생산가능인구의 감소가 소비지출과 노동공급을 제약하므로 장기적인 경기침체를 경험한 사례를 제공하였다. 그러나 이근태·이지선(2017)은 생산성 향상을 이룬 국가에서는 생산가능인구의 감소에도 불구하고 경제성장이 유지되거나 높게 나타난 것으로 파악하였다. 그러므로 우리는 노동의 질 개선을 위한 다양한 교육을 통해 노동생산성 향상이[23] 인구가 감소하는 시대에 지속적인 경제성장을 유지하는 강력한 방안임을 알 수 있다.

---

23) 우리나라의 노동생산성 향상 방안과 이들 방안의 현실적인 한계점 등은 제5장에서 언급된다.

제 3 장

인구구조의 변동

제 1장에서 살펴본 바와 같이 인구학적 천이는 높은 수준의 출산율과 사망률에서 낮은 수준의 출산율과 사망률로 바뀌는 것을 의미하며, 이에 따라 연령별 인구분포를 나타내는 인구구조가 변동한다. 많은 산업화된 국가에서는 인구학적 천이가 거의 끝남에 따라 전체 인구 대비 고령인구 비율이 상당히 높은 수준이다. 개발도상국과 저개발국에서는 현재 인구학적 천이, 즉 급격한 인구구조의 변동이 진행 중이다. 제1절~제3절은 세계 전체와 우리나라 자료를 바탕으로 출산율과 사망률이 시계열적으로 감소하는 인구학적 천이와 인구구조의 변동이 어떻게 진행되었는지 살펴본 다음 가까운 미래의 전망을 함께 검토한다. 제4절은 인구구조의 변동, 경제성장 및 경기변동 간의 실증적 관련성을 선행연구에 기초해 설명한다.

1 세계와 우리나라의 출산율 변천

이 절에서는 인구구조를 변동시키는 요인으로 1960년 이후 세계 전체와 우리나라의 출산율 감소 추이를 살펴본다. 일련의 선행연구에서는 일정 기간 특정 국가나 지역의 출산 정도를 나타내기 위해 접근방법 혹은 사용하고자 하는 목적에 따라 다양한 출산율 지표를 측정히였다.[1] 합계출산율(total fertility rate)은 대표적인 출산율 지표로 "여성 1명이 가임기간(15~49세)에 낳을 것으로 기대되는 평균 출생아 수(명)"를 의미한다. 예를 들어 가임기간(35년)의 여성이 연평균 0.1명을 낳는다고 가정하면, 합계출산율은

---

[1] 황진영(2023)은 다양한 출산율 지표의 정의와 측정에 관한 요약을 제공한다.

3.5명(0.1명×35년)이다. 이 책에서는 특별한 언급이 없는 한 출산의 정도를 합계출산율로 나타낸다.

⑤ 세계의 출산율 추이

〈그림 3-1〉은 세계은행(World Bank)의 세계개발지표(WDI)가 제공하는 자료를 바탕으로 작성한 1960년 이후 세계 전체의 출산율 추이이다. 세계의 출산율은 1963년에 약 5.32명으로 정점을 기록한 이후 1980년에 약 3.73명, 1990년에 약 3.31명, 2000년에 약 2.72명, 2010년에 약 2.55명, 2021년에 약 2.27명으로 꾸준히 감소하였다. 이는 대부분 국가에서 1960년대 중반 이후 출산율이 지속해서 감소하고 있음을 반영한다. 출산

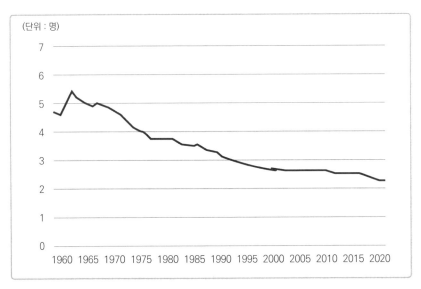

그림 3-1 세계의 합계출산율 추이

자료 : 세계은행, 세계개발지표(WDI)

율 감소는 저소득 국가보다 중소득 국가, 중소득 국가보다 고소득 국가에서 먼저 시작하였으며, 이에 따라 출산율 수준은 소득이 높은 국가에서 비교적 낮게 나타난다. 즉 세계의 출산율 감소는 산업화된 국가의 경험과 지식이 개발도상국과 저개발국으로 이전되면서 전반적인 소득수준의 상승, 여성의 지위 향상, 교육의 질적 개선 등과 함께 나타난 보편적 현상이다.

세계의 지역별 합계출산율의 현황과 전망은 〈표 3-1〉에 요약되어 있다. 즉 〈표 3-1〉은 국제연합(UN, 2022)이 제공한 것으로 1990년과 2021년의 지역별 출산율 현황과 2050년의 전망을 나타낸다. 국제연합(UN, 2022)은

표 3-1 세계의 지역별 합계출산율의 현황과 추계

(단위 : 명)

지역	1990년	2021년	2050년
세계 전체	3.3	2.3	2.1
사하라 이남 아프리카	6.3	4.6	3.0
북아프리카 및 서아시아	4.4	2.8	2.2
중앙아시아 및 남아시아	4.3	2.3	1.9
동아시아 및 동남아시아	2.6	1.5	1.6
라틴아메리카 및 카리브해	3.3	1.9	1.7
오스트레일리아와 뉴질랜드	1.9	1.6	1.7
오스트레일리아와 뉴질랜드 제외 오세아니아	4.7	3.1	2.4
유럽 및 북아메리카	1.8	1.5	1.6
최빈국	6.0	4.0	2.8
내륙 개발도상국	5.7	4.0	2.7
군소 도서 개발도상국	3.3	2.3	2.0

자료 : 국제연합(UN, 2022)

현재까지의 출산율이 모든 지역에서 감소하고 있으며, 앞으로도 완만한 감소세를 유지해 2050년에는 세계 전체의 출산율이 2.1명 정도까지 감소할 것으로 전망한다.

〈표 3-1〉은 2021년 기준 동아시아 및 동남아시아(1.5명), 오스트레일리아와 뉴질랜드(1.6명) 및 유럽 및 북아메리카(1.5명) 지역의 출산율이 상대적으로 낮은 수준이며, 이들 지역에서는 2050년에 출산율이 각각 1.6명, 1.7명 및 1.6명으로 거의 변동이 없거나 소폭 상승할 것으로 제시한다. 또한 2021년 기준 사하라 이남 아프리카(4.6명), 북아프리카 및 서아시아(2.8명) 및 오스트레일리아와 뉴질랜드 제외 오세아니아(3.1명)의 출산율이 상대적으로 높은 수준이며, 이들 지역에서는 2050년의 출산율이 각각 3.0명, 2.2명 및 2.4명으로 감소할 것으로 추계된다. 최빈국과 내륙 개발도상국의 출산율은 현시점에서 상대적으로 높은 수준이지만, 이들 국가에서의 출산율은 앞으로 급격히 감소할 것으로 전망된다.

🔁 우리나라의 출산율 추이

1960년 이후 우리나라의 출산율 변천은 〈그림 3-2〉와 같다. 〈그림 3-2〉는 우리나라 출산율이 1960년에 6.095명에서 2023년에 0.72명으로 매우 심각하게 감소하였음을 보여준다. 우리나라의 출산율은 1960년대 초반까지의 베이비 붐(baby boom) 세대(1955~63년) 이후 1980년대 중반까지 급격히 감소하였다. 이 시기의 출산율 감소는 산업화에 따른 소득수준의 상승과 가족관계의 변화, 인구 억제를 위한 정부의 재정지원 등에 기인한

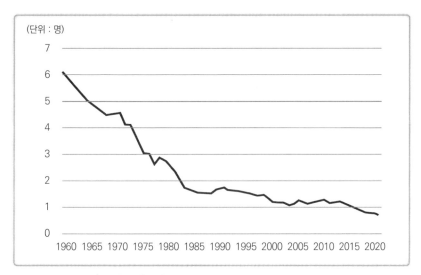

(단위 : 명)

그림 3-2 우리나라의 합계출산율 추이

자료 : 통계청, 국가통계포털

다. 우리나라 정부는 1961년 이후 경제개발을 위해 산아제한을 인구정책의 핵심으로 설정하였으며, 인구증가 억제정책을 1990년대 초반까지 유지하였다. 즉 우리나라 정부는 한 가족의 적정 출생아 수를 1960년대 3명, 1970년대 2명 및 1980년대 1명으로 제한하였다.

1980년대 중반~1990년대 중반까지는 출산율이 유지되거나 완만하게 증가하였다. 우리는 1979~92년의 14년간 태어난 출생 코호트를 '에코 세대'(echo generation)로 부르는데,[2] 이는 베이비 붐 세대(1955~63년)의 자녀 세대를 일컫는다. 6·25 전쟁 이후 고출산의 사회현상이 한 세대를

---

[2] 에코 세대란 표현은 산 정상에서 소리치면 얼마 후 소리가 되돌아오는 메아리(에코) 현상을 빗댄 말이다. 에코 세대는 베이비 붐 세대보다 경제적으로 풍족한 환경에서 성장하여 교육수준이 높고 전문직에 종사하는 비율이 크게 늘었다.

지나 2세들의 출생 붐으로 나타났다. 1990년대 중반 이후부터는 일부 연도를 제외하면 대체로 출산율이 감소하였다. 우리나라의 출산율은 1990년대 중반부터 여성의 경제활동 참여 증가, 결혼 및 출산에 대한 문화(인식)의 변화, 노동시장의 불안정성 등 다양한 이유로 인해 지속해서 감소하였다. 출산율 감소가 곧장 경제사회 문제를 초래하지는 않지만,[3] 저출산 현상이 지속할 때는 심각한 경제사회 문제점들을 야기한다.[4]

이에 따라 우리나라 정부는 1996년에 이른바 신인구정책(인구자질향상정책)을 수립해 기존의 인구증가 억제정책(출산억제정책)을 인구증가 장려정책(출산장려정책)으로 수정하였다. 신인구정책의 주요 추진 내용은 "사회 경제발전을 위한 저출산 수준의 유지, 출생성비의 균형, 인공임신중절 방지, 남녀평등 및 여권신장, 청소년의 성활동 예방, 가족 보건 및 복지증진 등"이다.[5] 따라서 우리는 신인구정책이 인구복지에 주안점을 두고 있으므로 실질직인 인구증가 장려정책으로 받아들이기에는 어려움이 있다.

우리나라 정부는 2006년부터 고령사회 대비를 위한 실질적인 출산장려정책을 도입하였다. 즉 정부는 2005년에 '저출산·고령사회기본법'을 제정하고, '저출산고령사회위원회'를 구성한 이후 본격적인 출산장려정책을 시행하였다. 이후 정부는 '저출산·고령사회기본계획'을 5년마다 수립해 저출산에 대응하는 정책을 시행하고 있으며, 현재에는 제4차 '저출산·고령

---

3) 제1장에서 살펴본 바와 같이 고출산에서 저출산으로 전환되는 과정에서는 생산가능인구가 늘어나고 부양비율이 줄어들어 높은 수준의 저축률과 경제성장을 유도하는 효과가 생겨날 수 있다(1차 인구배당 효과).
4) 저출산 현상이 지속함에 따라 생겨나는 경제사회 문제점들은 이 책의 여러 군데에서 제시된다.
5) 신인구정책의 주요 추진 내용은 위영(2011)에서 인용한다.

사회기본계획'(2021~25년)이 추진 중이다.[6] 이처럼 2005년 이후 우리나라 정부는 출산장려정책을 거의 매년 확대 시행하고 있음에도 불구하고, 2015년 이후 출산율이 더 떨어지고 있다. 현재 우리나라의 출산율(2023년 기준 합계출산율 0.72명)은 세계에서 가장 낮은 수준으로 좀처럼 반등할 조짐을 보이지 않고 있다.[7]

2 세계와 우리나라의 사망률 변천

인구구조 변동의 요인은 출산율 변천과 더불어 사망률 변천이다. 선행연구는 일정 기간 특정 국가나 지역의 사망률을 사용하고자 하는 목적에 따라 다양한 지표를 이용해 측정하였지만, 국가 간 비교에서 널리 사용되는 지표는 조사망률과 아동사망률(혹은 영아사망률)이다. 또한 선행연구에서는 사망률 지표와 더불어 생존 연령을 반영하는 출생 시 기대여명(life expectancy at birth), 즉 "출생아가 향후 생존할 것으로 기대되는 평균 생존 연수(세)"를 인구구조의 변동을 논의할 때 자주 사용하였다.[8]

조사망률(crude death rate)은 "연간 총사망자 수를 해당 연도의 연앙인구(7월 1일 기준)로 나누어 1,000 분비"로 표시한다. 이러한 조사망률은 인구의 연령구조에 직접적인 영향을 받으며, 계산에 필요한 자료를 다른 지표

---

[6] 저출산·고령사회기본계획은 보건복지부 홈페이지(https://www.mohw.go.kr)에 정리되어 있다.

[7] 우리나라의 출산율이 상당히 심각한 수준까지 떨어진 이유와 반등을 위한 조건 등은 제4장에서 검토한다.

[8] 세계의 출생 시 기대여명 추이는 제5장에서 제시되며, 세계의 지역별 출생 시 기대여명은 〈표 3-5〉에 나타나 있다.

들보다 쉽게 구할 수 있다는 장점이 있다. 우리는 인구의 자연증가율(=조출생률 - 조사망률)을 계산할 때 조사망률을 사용한다. 일반적으로 조사망률은 사망 가능성이 평균보다 큰 고령층 인구가 많은 국가에서 높게 나타나므로 인구구조에 영향을 받는다. 즉 조사망률은 인구구조에 따른 차이를 보정하지 못하므로, 서로 다른 지역이나 시기의 보건의료 수준을 비교하기 위해 사용하기에는 부적합하다.

🖨 세계의 사망률 현황과 추계

〈표 3-2〉는 국제연합(UN, 2019)이 제공한 것으로 1950~55년 이후 세계의 지역별 조사망률 추이와 함께 2095~2100년까지의 인구변동 요인별 중위 가정을 조합한 중위 추계로 설정한 조사망률 전망을 나타낸다. 즉 〈표 3-2〉는 2015~20년의 조사망률이 유럽에서만 이전 기간보다 증가하

표 3-2 세계의 지역별 조사망률 현황과 추계 (단위 : 명)

	1950~55년	1985~90년	2015~20년	2050~55년	2095~2100년
세계 전체	19.1	9.5	7.5	9.7	11.2
아프리카	26.7	14.5	8.2	6.6	8.7
아시아	22.6	8.7	6.9	10.7	13.0
유럽	11.2	10.6	11.0	13.6	11.9
라틴아메리카 및 카리브해	15.5	7.0	6.3	9.4	13.2
북아메리카	9.5	8.8	8.6	10.6	10.5
오세아니아	13.3	8.0	6.8	8.6	9.3

자료 : 국제연합(UN, 2019)

였으며, 나머지 지역의 조사망률은 현재까지 감소하였다. 이는 저출산과 인구 고령화가 유럽에서 가장 빠르게 진행되었음을 의미한다.

이후 2050~55년까지는 조사망률이 아프리카를 제외하고 모든 지역에서 증가할 것으로 전망된다. 이는 인구학적 천이가 지역별로 구분할 때 아프리카에서 가장 늦게 진행되고 있음을 반영한다. 2095~2100년에는 유럽과 북아메리카에서 조사망률이 이전 기간(2050~55년)보다 다소 감소하고, 나머지 지역에서는 출산율 감소와 고령인구의 증가로 인해 이전 기간에 비해 증가할 것으로 예상된다.

구체적으로 〈표 3-2〉는 세계 전체의 조사망률이 1950~55년에 19.1명, 1985~90년에 9.5명, 2015~20년에 7.5명으로 감소하였으며, 이후 2050~55년에 9.7명, 2095~2100년에 11.2명으로 증가할 것으로 전망한다. 또한 2015~20년에는 유럽의 조사망률이 11.0명으로 가장 높지만,[9] 2095~2100년에는 저출산과 인구 고령화가 진행 과정에 있는 아시아와 라틴아메리카 및 카리브해에서 조사망률이 각각 13.0명과 13.2명으로 가장 높게 추계된다.

선행연구에서는 또 다른 사망률 지표인 아동사망률(child mortality rate 혹은 under-five mortality rate), 즉 "출생 인구 1,000명당 5세 미만의 아동 사망자 수(명)"를 널리 사용하였다. 왜냐하면 아동사망률은 국가의 개괄적인 사망률 수준이나 보건의료 및 경제사회적 상태를 파악하는 데 중요한 지표로 활용할 수 있기 때문이다. 우리는 아동사망률과 소득수준 간의 밀

---

[9] 유럽의 조사망률은 2050~55년에도 13.6명으로 다른 지역과 비교해 가장 높은 수준일 것으로 예상된다.

접한 관련성을 국가 간 자료에서 쉽게 관측할 수 있다. 예를 들어 Mauldin과 Berelson(1978)은 1965~75년의 개발도상국에서 나타난 출산율 하락과 가장 상관관계가 높은 변수 중 하나로 아동사망률을 제시하였다. 최근에는 아동사망률 대신 유사한 지표인 영아사망률(infant mortality rate), 즉 "출생 인구 1,000명당 1년 이내(365일 미만)에 사망한 영아 수(명)"가 종종 사용된다.

〈표 3-3〉은 국제연합(UN, 2019)이 제공한 것으로 1950~55년 이후 세계의 지역별 아동사망률 추이와 함께 2095~2100년까지의 중위 추계로 설정한 전망을 제시한다. 1950~55년의 세계 전체 아동사망률은 213명이며, 특히 아프리카와 아시아에서는 각각 311명과 234명이다. 이는 출생 인구 1,000명당 311명과 234명이 5세 이전에 사망한다는 것으로 다소 충격적인 수치이다. 그러나 아동사망률은 1950~55년 이후 세계의 모든 지역에서 지속해서 감소하고 있다.

표 3-3 세계의 지역별 아동사망률 현황과 추계

(단위 : 명)

지역	1950~55년	1985~90년	2015~20년	2050~55년	2095~2100년
세계 전체	213	96	40	21	12
아프리카	311	170	71	33	18
아시아	234	93	31	13	6
유럽	93	19	5	2	1
라틴아메리카 및 카리브해	187	61	19	8	4
북아메리카	36	12	7	3	2
오세아니아	94	38	23	11	5

자료 : 국제연합(UN, 2019)

전 세계 평균 아동사망률은 최근인 2015~20년 기준으로 40명이며, 아프리카와 유럽의 아동사망률이 각각 상대적으로 가장 높은 71명과 가장 낮은 5명이다. 이는 유럽 국가의 출산율이 다른 지역 국가의 출산율에 비해 낮은 사실을 설명하는 가능한 이유 중 하나이다. 왜냐하면 부모가 자녀의 수를 결정하면서 태어난 아이의 수보다 성인이 될 때까지 생존하는 아이의 수에 더 많은 관심을 기울이기 때문이다. 즉 아동사망률의 감소는 부모가 출산을 줄이려는 동기에 영향을 미친다.

미래의 아동사망률은 소득수준 상승과 의학의 발전 등으로 더욱 떨어질 것으로 예상된다. 〈표 3-3〉은 앞으로의 아동사망률이 지역과 관계없이 감소할 것으로 전망하며, 2095~2100년에는 아프리카(18명)를 제외한 모든 지역에서 한 자리 숫자일 것으로 추계한다. 특히 2095~2100년의 유럽과 북아메리카의 아동사망률은 각각 1명과 2명으로 예측된다.

실증적 자료는 많은 산업화된 국가에서 아동사망률과 출생 시 기대여명이 18세기 중반 이후 크게 개선되기 시작한 것으로 제시하는데, 이는 사망률의 감소가 소득수준 상승과 밀접하게 관련된다는 사실을 반영한다. 소득수준의 향상은 깨끗한 물과 음식을 확보할 수 있게 하고, 의학의 발전과 치료를 확대함으로써 아동사망률을 감소시킬 뿐 아니라 출생 시 기대여명을 상승시킨다. 한편 개발도상국들은 산업화된 국가들에 비해 낮은 소득수준에서 아동사망률 감소를 경험하고 있다. 이러한 현상은 산업화된 국가의 경험과 지식이 저개발국이나 개발도상국에 이전되었기 때문에 가능할 수 있었다.[10]

---

[10] 이처럼 산업화된 국가의 경험·지식·기술 등이 개발도상국에 전달될 수 있다는 내용은 황진영(2016)을 참고할 수 있다.

🖐 우리나라의 사망률 변천

〈표 3-4〉는 우리나라의 1983년 이후 조사망률과 1960년 이후 5년 단위의 아동사망률 변천을 보여준다. 조사망률은 생존 연령의[11] 증가로 계속 감소하여 2009년에 5.0명으로 저점을 기록한 이후 출산율 감소와 고령층 인구의 증가로 인해 조금씩 증가하여 2023년에 6.9명으로 상승하였는데, 이는 2023년에 인구 1,000명당 약 7명이 사망하였음을 의미한다. 조사망률의 증가는 인구 고령화가 급격히 진행되고 있음을 반영한다.

아동사망률은 1960년에 111.9명에서 매년 줄어들어 2023년에 2.3명으로 급격히 감소하였다. 1960년의 아동사망률이 111.9명이란 사실은 이당시에 태어난 아이 1,000명당 약 112명이 5세 이전에 사망하였다는 것

표 3-4 우리나라의 조사망률과 아동사망률 변천

(단위 : 명)

연도	조사망률	아동사망률	연도	조사망률	아동사망률
1960	-	111.9	1995	5.3	10.5
1965	-	86.9	2000	5.2	7.5
1970	-	61.2	2005	5.1	5.6
1975	-	46.0	2009	5.0	-
1980	-	36.2	2010	5.1	4.1
1983	6.4	-	2015	5.4	3.5
1985	5.9	24.6	2020	5.9	3.0
1990	5.6	15.6	2023	6.9	2.3

자료 : 통계청 국가통계포털; 통계청 보도자료(2023년 7월 13일)

---

11) 이 책에서는 생존 연령과 출생 시 기대여명을 구분 없이 동일한 의미로 사용한다.

을 의미하며, 이는 오늘날 관점에서 생각할 때 상당히 놀라운 수치이다. 이러한 아동사망률 감소가 출산율 변천의 초창기에 출산율 감소의 가장 큰 원인으로 종종 언급되는데, 자세한 설명은 다음 장에서 제시한다.

3 인구구조의 변동 추이

우리는 지금까지 낮은 수준의 출산율과 사망률이 초래하는 인구구조의 변천을 살펴보았다. 즉 출산율 감소는 전체 인구 대비 유소년층 인구비율이 줄어들고, 사망률 감소와 생존 연령의 상승은 전체 인구 대비 고령층 인구비율이 커지는 인구구조의 변동을 초래한다. 따라서 인구구조의 변동은 출산율과 사망률의 상호작용으로 발생한다. 이하에서는 출산율과 사망률이 일정할 때 인구증가율 변동을 설명하는 총재생산율과 순재생산율의 개념을 소개하고, 세계와 우리나라의 인구구조 변동 추이와 관련된 몇 가지 특징적인 사실을 제시한다.

🔗 총재생산율과 순재생산율

총재생산율(gross reproduction rate)은 "새로 태어난 1명의 여자아이가 가임기간(15~49세)까지 생존할 때 향후 출산할 것으로 예상되는 여자아이의 수"로 사망률이 없다는 가정 아래 여성이 평생 몇 명의 여자아이를 낳을 것인지를 나타낸다. 즉 총재생산율의 대상인 여자아이는 신생아이며, 여자아이가 출생부터 가임기가 끝나는 연령까지 사망하지 않고 생존하는 것을 가정하여 출산율을 계산한다. 이는 특정 세대의 출산율을 다음 세대의 출산율과 직접 비교함으로써 인구 성장의 잠재적 가능성을 측정하는 개념으로, 총재생산율이 1보다 클 때는 인구가 증가하며 1보다 작을 때는 인구가 감소한다는 것을 의미한다.

그러나 총재생산율은 여성 인구의 사망 양상을 고려하지 못하는 한계가 있다. 우리는 순재생산율(net reproduction rate)의 개념을 이용해 사망률 및 출산율이 일정할 때 인구규모와 인구증가율의 변동을 파악할 수 있다. 즉 순재생산율은 "새로 태어난 1명의 여자아이가 현재 인구의 사망률과 출산율을 따른다고 가정할 때 그 여자아이가 향후 출산할 것으로 예상되는 여자아이의 수"를 의미한다. 특정 국가의 순재생산율이 1일 때는 그 국가의 인구가 일정하므로 인구증가율은 영(0)이 된다. 따라서 순재생산율이 1보다 큰 국가에서는 인구가 계속해서 증가하고 인구증가율이 양(+)의 값이지만, 1보다 작은 국가에서는 인구가 계속해서 감소하고 인구증가율이 음(-)의 값이다.

순재생산율은 현재 인구의 사망률과 출산율을 따른다고 가정하므로 총재생산율의 출산은 순재생산율의 경우보다 과대평가된다. 예를 들어 2023년의 우리나라 합계출산율인 0.72명을 이용해 총재생산율과 순재생산율을 계산하면 다음과 같다. 새로 태어나는 여자아이가 100명일 때 남자아이는 통상 105명 정도이므로, 새로 태어나는 여자아이 비율은 100/(100+105), 즉 0.488이다. 물론 출생 성비는 사산아를 제외한 정상적인 출산만을 기준으로 계산하며, 여기서는 전쟁·전염병·여자아이 낙태 등의 예외적인 조건이 있는 경우를 고려하지 않는다.

인구학에서는 새로 태어난 여자아이보다 남자아이 수가 많은 현상을 인구와 관련된 몇 가지 기본 법칙 중 하나로 받아들인다. 따라서 총재생산율은 약 0.351(= 0.488×0.72)명으로, 이는 새로 태어난 1명의 여자아이가 가임기간(15~49세)까지 생존할 때 향후 출산할 여자아이 수이다. 순재생산율은 사망률을 1%로 가정할 때 약 0.347(= 0.351×0.99)명으로 감소한다. 우리는 2023년의 합계출산율을 이용할 때 현재의 인구를 대체하는 데 필요한 출생아 수가 약 65% 부족하다는 사실을 알 수 있다.

🖐 세계의 인구구조 변동

〈그림 3-3〉은 1960~2023년 기간 세계의 인구구조가 시간이 흐름에 따라 어떻게 변동하였는지 보여준다. 즉 〈그림 3-3〉은 세계은행의 세계개발지표(WDI)가 제공하는 자료를 바탕으로 세계의 전체 국가를 대상으로 산출한 전체 인구 대비 인구층별(0~14세의 유소년층 인구, 15~64세의 경제활동인구 및 65세 이상의 고령층 인구) 인구비율의 시계열 추이를 나타낸다. 우리는 〈그림 3-3〉을 통해 다음과 같은 몇 가지 특징적인 사실을 발견할 수 있다.

- 1970년대 중반 이후 유소년층 인구비율은 급격히 감소하는 반면, 고령층 인구비율은 완만하게 증가하였다. 예를 들어 세계의 전체 인구 대비 유소년층 인구비율과 고령층 인구비율이 1975년에 각각 약 37.01%와 5.58%이었지만, 2023년에는 각각 약 25.02%와 10.03%로 변동하였다. 이는 동 기간 유소년층 인구비율이 11.99% 포인트 감소하였으며, 고령층 인구비율은 4.45% 포인트 증가하였음을 의미

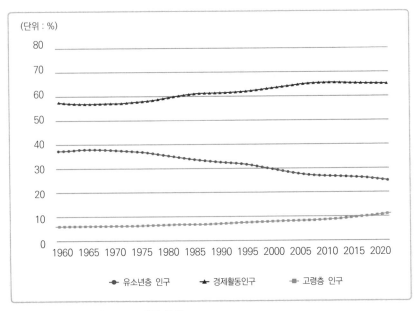

(단위 : %)

그림 3-3 세계의 인구구조 변동 추이
자료 : 세계은행, 세계개발지표(WDI)

한다. 따라서 〈그림 3-3〉은 전 세계적인 추세인 출산율 감소와 출생 시 기대여명 상승에 따른 유소년층 인구 감소와 고령층 인구 증가의 인구구조 변동을 제시한다.

• 〈그림 3-3〉은 유소년층 인구비율의 감소가 고령층 인구비율의 증가보다 큰 폭으로 이루어졌음을 나타내는데, 이는 오늘날까지 인구구성에서 고령층 인구수보다 유소년층 인구수가 훨씬 많다는 사실에 기인할 수 있다. 구체적으로 1970년대 이후 부양비율이[12] 지속해서 감소하다가

---

12) 부양비율은 제1장에서 언급하였듯이 "생산가능인구 대비 유소년층 인구와 고령층 인구 합의 비율(%)"이다.

2012년 이후부터 소폭 상승하고 있다. 예를 들어 세계 전체의 부양비율이 1970년에 75.43%이었으나 2012년에 53.06%까지 감소하였다. 그러나 2012년 이후에는 경제활동인구 비율이 65.33%로 정점에 도달한 이후 조금씩 줄어듦에 따라 부양비율이 조금씩 상승해 2023년에 53.97%로 증가하였다. 이는 출산율 감소와 고령층 인구의 증가가 심화되고 있는 현 상황을 고려할 때 미래에는 경제활동인구가 더욱 감소하고 부양비율이 증가하는 형태로 인구구조의 변동이 생겨날 수 있음을 제시한다.

- 경제활동인구 비율이 2012년까지 증가하였다는 사실은 2012년 이전의 인구구조 변동은 1차 인구배당 효과를 통해 경제성장에 긍정적으로 기여하였음을 의미한다. 2013년부터는 경제활동인구 비율이 소폭 감소하지만, 고령층 인구의 증가와 함께 그들의 출생 시 기대여명이 확대되고 있다. 우리는 세계의 많은 국가에서 고령층 인구가 경제활동 참여를 확대하는 방향으로 개인의 경제행위 및 정부정책의 조정이 진행되고 있다고 간주할 수 있다.[13] 따라서 오늘날 세계의 인구구조 변동은 2차 인구배당 효과를 통해 경제성장에 여전히 긍정적으로 작용하고 있다.

이처럼 세계의 인구구조 변화의 특징은 지속적인 출산율 감소와 고령층 인구의 증가로 크게 나뉜다. 국제연합(UN, 2022)이 제공하는 세계의 지역별 고령층 인구비율과 출생 시 기대여명의 변동을 살펴보면 〈표 3-5〉와 같다. 〈표 3-5〉는 세계의 전체 인구 대비 고령인구 비율이 2022년에

---

13) 생산가능인구의 확대 방안(노력)은 이미 제2장에서 소개하였으며, 자세한 내용은 제5장에서 검토한다.

9.7%이며, 출생 시 기대여명은 2021년에 71.0세임을 나타낸다. 또한 출생 시 기대여명은 앞으로 계속 늘어날 것으로 예측되며, 이는 자연히 고령인구 비율의 증가로 이어진다.

2022년의 고령인구 비율은 소득수준이 상대적으로 높은 유럽 및 북아메리카(18.7%)와 오스트레일리아와 뉴질랜드(16.6%)에서 가장 높게 나타나며, 사하라 이남 아프리카(3.0%)와 오스트레일리아와 뉴질랜드 제외 오세아니아(3.9%) 지역은 3%대 수준에 머물러 있다. 앞으로 고령인구 비율의 증가 정도는 지역에 따라 차이가 있지만, 모든 지역에서 인구구조의 변동과 맞물려 증가할 것으로 전망된다. 국제연합(UN, 2022)은 2030년과 2050년의 세계 전체의 인구 대비 고령인구 비율이 11.7%와 16.4%로 증

표 3-5 세계의 지역별 고령인구 비율과 출생 시 기대여명의 현황과 추계

지역	고령인구 비율(%)			출생 시 기대여명(세)		
	2022년	2030년	2050년	1990년	2021년	2050년
세계 전체	9.7	11.7	16.4	64.0	71.0	77.2
사하라 이남 아프리카	3.0	3.0	4.7	49.2	59.7	66.7
북아프리카 및 서아시아	5.5	7.0	12.5	64.3	72.1	78.3
중앙아시아 및 남아시아	6.4	8.1	13.4	58.9	67.7	77.1
동아시아 및 동남아시아	12.7	16.3	27.5	68.1	76.5	81.7
라틴아메리카 및 카리브해	9.1	11.5	18.8	67.7	72.2	80.6
오스트레일리아와 뉴질랜드	16.6	19.4	23.7	76.8	84.2	87.0
오스트레일리아와 뉴질랜드 제외 오세아니아	3.9	5.1	8.2	62.5	67.1	71.6
유럽 및 북아메리카	18.7	22.0	26.9	73.6	77.2	83.8

자료 : 국제연합(UN, 2022)

가할 것으로 추계한다.

고령인구 비율은 저출산과 함께 출생 시 기대여명의 상승으로 증가한다. 〈표 3-5〉는 2021년 기준 출생 시 기대여명이 지역별로 상당한 차이가 있음을 제시한다. 즉 출생 시 기대여명이 오스트레일리아와 뉴질랜드는 84.2세인데, 사하라 이남 아프리카는 59.7세에 불과하다. 이러한 출생 시 기대여명의 국가 간 차이는 소득과 교육수준, 의료나 보건의 발전 등의 차이에 기인한다. 앞으로의 출생 시 기대여명은 지속해서 증가할 것으로 전망되며, 〈표 3-5〉는 2050년의 세계 전체의 출생 시 기대여명을 77.2세로 추계한다.[14]

⑤ 우리나라의 인구구조 변동

우리나라의 인구구조 변동, 즉 저출산과 인구 고령화는 세계의 어떤 국가보다 급속도로 진행되었으며, 현재에도 진행 중이다. 〈그림 3-4〉는 통계청이 제공하는 자료에 근거한 것으로 1960년 이후부터 현재까지의 전체인구 대비 유소년층 인구(15세 미만), 경제활동인구(15~64세) 및 고령층 인구(65세 이상) 비율의 변동 추이를 나타낸다. 〈그림 3-3〉은 다음의 몇 가지 특징적인 사실을 제시한다.

- 유소년층 인구비율은 1966년에 43.9%로 정점에 도달한 이후 계속해서 하락하여 2023년에 11.0%까지 떨어졌다. 그러나 고령층 인구비율은

---

14) 국제연합(UN, 2022)이 제공하는 역사적 자료에서 1800년과 1900년의 세계 전체의 출생 시 기대여명은 각각 28.5세와 32.0세에 불과하였다.

1960년에 2.9%에 불과하였지만, 1990년에 5.1%를 기록한 이후 급격히 증가해 2023년에 18.2%까지 도달하였다. 우리나라는 2017년을 기점으로 13.80%의 고령층 인구비율이 13.1%의 유소년층 인구비율을 능가한다. 우리가 〈그림 3-4〉를 세계의 인구구조 변동 추이를 나타낸 〈그림 3-3〉과 비교하면, 우리나라의 저출산(유소년층 인구비율 감소)과 인구 고령화(고령층 인구비율 증가)가 얼마나 빠르게 진행되고 있는지 쉽게 알 수 있다.

- 우리나라의 경제활동인구 비율은 2013~16년 동안 완만한 등락을 거듭하다가 2017년 이후 감소하고 있으며, 이에 따라 최근 들어 부양비율이

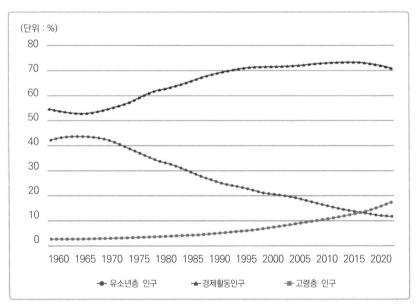

그림 3-4 우리나라의 인구구조 변동 추이
자료 : 통계청 국가통계포털

증가하기 시작하였다. 부양비율은 1960년에 82.48%로부터 매년 조금씩 상승해 1966년에 88.68%로 정점에 도달한 이후 1970년에 83.82%, 1980년에 60.77%, 1990년에 44.03%, 2000년에 39.42%로 지속해서 감소하였다.[15] 즉 부양비율이 1970년 이후 약 30년 동안 절반 이하로 줄어들었다. 이러한 부양비율의 감소는 저축률 증대와 높은 경제성장으로 이어졌다. 즉 1970~2000년 동안 우리나라의 높은 경제성장에는 인구구조의 변동으로 인한 생산능력의 확대, 즉 1차 인구배당 효과가 일정 부분 기여하였다. 그러나 2001년 이후의 부양비율은 매년 등락을 거듭하면서 소폭 감소하는 추세였지만(즉 2010년에 36.80%, 2015년에 36.24%), 2017년에 36.75%를 기록한 이후 인구 고령화를 반영해 증가하고 있으며 2023년 기준 41.24%이다.

- 이처럼 경제활동인구 감소와 부양비율 증가는 노동력 부족을 보완할 수 있는 제도적 장치를 요구한다. 즉 우리 사회는 고령층 인구가 경제활동에 참여하기 위한 제도나 정책의 전환을 요구하며, 이를 통해 우리는 2차 인구배당 효과를 누릴 수 있다. 유소년층 인구비율의 급격한 감소는 세계에서 가장 낮은 수준의 출산율에 기인하며, 이는 향후 경제활동인구의 감소로 이어질 뿐 아니라 급격한 인구 고령화와 맞물려 있다. 통계청은 경제활동인구 비율이 2023년 기준 70.8%이지만, 2030년에 66.6%, 2040년에 58.1%, 2050년에 51.9%, 2060년에 48.9%, 2072년에 45.7%로 지속해서 줄어들 것으로 전망한다.

---

15) 부양비율은 〈그림 3-4〉에 명시적으로 나타나 있지 않지만, 우리는 인구구조별 인구비율을 이용해 쉽게 계산할 수 있다.

〈표 3-6〉은 우리나라의 중위연령과 출생 시 기대여명 추이를 통해 인구 고령화가 얼마나 심각하게 진행되었는지 보여준다. 중위연령은 "총인구를 연령순으로 나열할 때 정중앙에 있는 사람의 해당 연령(세)"으로, 1970년의 중위연령이 18.5세로 1960년의 19.0세보다 줄어들다가 이후 1980년에 21.8세, 1990년에 27.0세, 2000년에 31.8세, 2010년에 37.9세, 2022년에 44.9세로 지속해서 증가하였다. 즉 1980년대 이후 중위연령이 급격히 증가하였는데, 이는 저출산에 따른 유소년층 인구비율 감소와 출생 시 기대여명 상승에 따른 고령층 인구비율 증가에 기인한다. 즉 출생 시 기대여명이 1960년에 55.4세, 1980년에 66.1세, 2000년에 76.0세, 2022년에 82.7세로 증가하였다.[16]

표 3-6 우리나라의 중위연령과 출생 시 기대여명 추이

연도	중위연령(세)	출생 시 기대여명(세)	연도	중위연령(세)	출생 시 기대여명(세)
1960	19.0	55.4	1995	29.3	73.7
1965	18.3	58.0	2000	31.8	76.0
1970	18.5	62.3	2005	34.8	78.2
1975	19.6	64.2	2010	37.9	80.2
1980	21.8	66.1	2015	40.9	82.1
1985	24.3	68.8	2020	43.7	83.5
1990	27.0	71.7	2022	44.9	82.7

자료 : 통계청 국가통계포털

---

[16] 출생 시 기대여명이 2020년에 83.5세에서 2022년에 82.7세로 다소 감소하였는데, 이는 코로나바이러스 감염증-19(COVID-19)의 영향에 기인한다.

한편 통계청은 앞으로의 중위연령을 2030년에 49.7세, 2040년에 54.6세, 2050년에 58.1세, 2060년에 61.5세, 2070년에 63.2세로 증가할 것으로 추계한다.[17] 이는 약 50년 후 우리나라에 거주하는 사람의 절반 이상이 63세 이상일 수 있음을 의미한다. 즉 앞으로의 우리나라 인구구조는 지금까지의 형태와는 완전히 다를 것으로 예상된다. 따라서 우리가 현재의 소득수준이나 삶의 질 등을 앞으로도 유지하기 위해서는 인구구조 변동을 고려한 경제사회의 전반적인 변화가 현시점에서 요구된다는 사실을 인식해야 한다. 이러한 경제사회 시스템의 변동에 관한 몇몇 가능한 논의는 이후의 장에서 제시한다.

우리는 지금까지의 인구구조가 어떻게 변동하였으며, 미래의 인구구조가 어떻게 변동할지는 성별·연령별 인구구조의 분포를 한눈에 파악할 수 있도록 나타낸 인구 피라미드(population pyramid)를 통해 파악할 수 있다. 〈그림 3-5〉는 통계청에서 제공하는 자료를 바탕으로 작성한 것으로 1960년, 2022년 및 2072년(전망)의 인구 피라미드이다. 2072년의 전망은 인구변동 요인별 중위 가정을 조합한 중위 추계한 자료를 이용한다.

1960년의 인구 피라미드는 유소년층 인구가 가장 많고 나이가 많아짐에 따라 인구수가 일률적으로 줄어드는, 즉 고출산율과 고사망률의 전형적인 피라미드 형태를 보여준다. 이 당시 우리나라에서는 농촌 지역에 인구가 집중되었으며, 가족 단위의 농업이 주요 산업이었으므로 노동력 확보를 위해 출산율이 높은 수준이었다. 그러나 오늘날 시점인 2022년의 인

---

17) 이러한 자료들은 통계청 국가통계포털에서 제공한다.

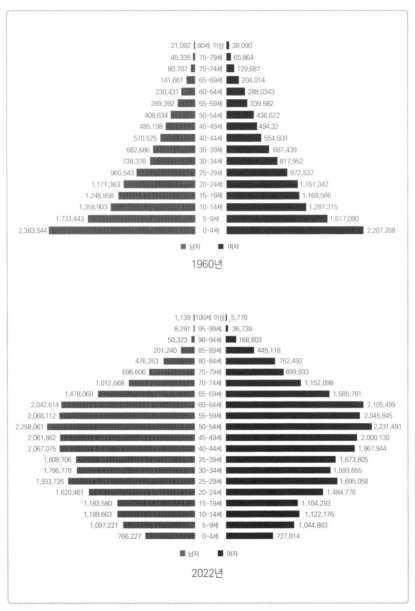

	21,092	80세 이상	38,090	
45,335		75-79세	65,864	
80,707		70-74세	129,687	
141,661		65-69세	204,014	

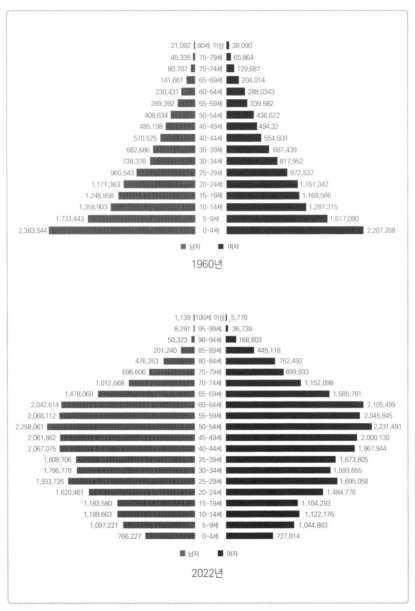

그림 3-5 우리나라의 인구 피라미드　　　　　　　　　　　　　　　　　(계속)

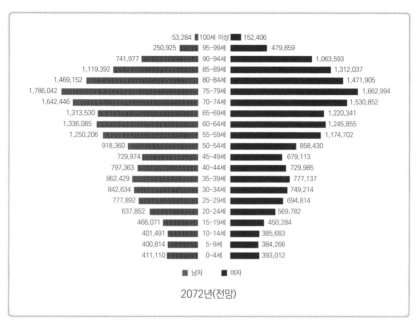

	53,284	100세 이상	152,406	
	250,925	95-99세	479,859	
741,977		90-94세		1,063,593
1,119,392		85-89세		1,312,037
1,469,152		80-84세		1,471,905
1,786,042		75-79세		1,662,994
1,642,446		70-74세		1,530,852
1,313,530		65-69세		1,220,341
1,336,085		60-64세		1,245,855
1,250,206		55-59세		1,174,702
918,360		50-54세	858,430	
729,974		45-49세	679,113	
797,363		40-44세	729,985	
862,429		35-39세	777,137	
842,634		30-34세	749,214	
777,892		25-29세	694,814	
637,852		20-24세	569,782	
466,071		15-19세	450,284	
401,491		10-14세	385,683	
400,814		5-9세	384,266	
411,110		0-4세	393,012	

■ 남자   ■ 여자

2072년(전망)

그림 3-5 우리나라의 인구 피라미드
자료 : 통계청 국가통계포털

구 피라미드는 출산율과 사망률이 감소하여 인구증가가 정체되는 항아리 모양으로 유소년층 인구는 줄어들고 생산가능 연령의 인구가 가장 큰 비중을 차지한다. 우리는 사회 전체의 연령이 1960년보다 2022년에 상당히 높아졌음을 쉽게 확인할 수 있다.

2072년의 인구 피라미드는 심각한 저출산과 급격한 인구 고령화로 인해 상부가 넓어지고 하부가 좁아지는 모양일 것으로 전망된다. 만약 오늘날의 출산율과 사망률이 계속된다면, 2072년의 우리 사회의 대부분 인구는 고령자로 구성될 뿐 아니라 부양비율도 급격히 증가할 전망이다. 이는 지금까지의 역사에서 한 번도 경험하지 못한 심각하고 다양한 경제사회적 문제점들을 야기할 수 있음을 의미한다. 따라서 우리는 앞으로 닥칠 문제점들에 대응하는 방안 마련을 현세대에게 주어진 숙제로 받아들이고, 이를 무엇보다 시급하게 준비해야 한다.

4 인구구조의 변동, 경제성장 및 경기변동

오늘날 인구구조의 특징인 출산율 감소와 고령층 인구 증가가 거시경제와 경제성장에 미치는 영향은 각각 제4장과 제5장으로 분리해 살펴본다. 이 절에서는 인구구조의 변동이 경제성장에 미치는 영향을 파악한 몇몇 실증연구 결과를 살펴보고, 인구구조의 변동을 초래하는 출산과 사망이 어떻게 경기변동과 영향을 주고받는지 선행연구에 기초해 제시한다.

경기변동은 경제활동에 참여하고 있는 모든 사람에게 큰 영향을 미치며, 앞으로의 경제성장을 예측하는 데 중요하게 작용한다. 또한 경기변동은7 경제주체들이 수요와 공급의 충격에 대응하면서 생겨나는 현상이므로 경제의 불안정성(혹은 불확실성)을 초래하는 주된 요인이다. 이는 경기변동이 출산이나 사망에 영향을 미치며, 인구구조와 관련될 수 있음을 시사한다.

인구구조와 경제성장 : 실증연구

출산율과 인구 고령화가 경제성장에 개별적으로 미치는 영향을 분석한 연구결과는 이후의 장에서 살펴보고, 여기서는 인구구조와 경제성장 간의 관계에 관한 실증분석 결과를 소개한다. 우리는 제1장에서 높은 수준의 출산율과 사망률이 낮은 수준의 출산율과 사망률로 변동하는, 즉 인구구조 변동의 초기에는 1차 인구배당 효과로 인해 생산가능인구가 증가하고 부양비율이 줄어들어 높은 수준의 저축률과 경제성장률을 달성할 수 있다는 사실을 살펴보았다. 예를 들어 Bloom과 Williamson(1998)은 초기의 인구구조 변동으로 인해 동아시아 경제가 1965~90년 동안 1인당 생산능력이 확대되었다고 설명하였다.

인구배당 효과의 크기는 제1장에서 살펴본 바와 같이 효과적인 제도나 정책을 구현할 수 있는지에 대한 경제 내의 메커니즘에 달려 있다. Mason (2005)은 1차 인구배당이 일시적인(과도기적인) 보너스 제공의 성격을 갖지만, 2차 인구배당은 해당 보너스를 통해 더 큰 자산과 지속 가능한 발전으로 전환하게 만드는 요인일 수 있다고 주장하였다. 즉 Mason(2005)은 1차 인구배당이 먼저 생겨나서 끝난 이후 2차 인구배당이 지속해서 생겨나므로, 1차 인구배당 효과보다 2차 인구배당 효과가 큰 것으로 분석하였다. 그러나 인구배당이 반드시 생활수준 향상을 보장하지 않으며, 단지 성장의 기회를 제공한다.

대부분 산업화된 국가에서는 인구학적 천이가 거의 끝났으며, 최근의 연구결과는 인구구조의 변동이 경제성장에 대체로 부정적 영향을 미치는 것으로 관측하였다. 이는 인구학적 천이 과정에서의 인구구조가 경제성장에 미치는 영향이 인구학적 천이가 끝난 인구구조가 경제성장에 미치는 영향보다 평균적으로 클 수 있음을 의미한다. Aksoy 등(2019)은 1970~2014년의 21개 OECD 국가를 대상으로 패널 벡터자기회귀(Panel Vector

Auto-Regression, PVAR) 모형을[18] 이용해 저출산과 고령화의 현재 추세는 장기적으로 투자, 경제성장 및 이자율을 감소시킬 것으로 전망하였다.

또한 이현훈 외 2인(2008)은 77개 국가 간 통계자료를 이용해 생산가능 인구 대비 높은 유소년층 인구와 고령층 인구 비율은 경제성장에 부정적 영향을 미친다고 분석하였다. 특히 고령층 인구의 상대적 증가가 경제성장에 미치는 음(-)의 영향이 유소년층 인구의 상대적 증가가 경제성장에 미치는 음(-)의 영향보다 큰 것으로 관측하였는데, 이는 우리나라 지역의 패널자료를 이용한 박하일·박창귀(2017)의 결과와 유사하다.

일련의 선행연구는 인구구조의 변동이 노동생산성에 영향을 미쳐 경제성장을 결정하는 요인으로 작용하는지 파악하였다. Daniele 등(2019)은 OECD 국가의 1,802개 지역을 대상으로 한 분석에서 인구 고령화가 노동생산성을 하락시키며, 그 영향이 농촌지역보다 도시지역에서 크게 나타난다고 제시하였다. 김용진·이철인(2013)은 생존 연령이 급격히 증가하는 인구구조 변동의 초기 단계에는 인적자본이 증가해 경제성장률이 높게 나타나지만, 저출산과 생존 연령의 확대로 인구 고령화가 지속되는 상황에서는 인적자본이 감소해 경제성장률이 떨어질 것으로 예측하였다. 그러므로 오늘날의 저출산과 인구 고령화로 생겨난 인구구조 변동은 경제성장에 대체로 부정적 영향을 미친다.

---

18) 벡터자기회귀(VAR) 모형은 시계열 자료를 이용한 실증분석 방법론으로 2011년 노벨 경제학상을 수상한 Christopher Albert Sims(1942~)가 제안하였다. VAR 모형에 관한 설명은 이 책의 일관성을 위해 생략하며, 구체적인 내용은 계량경제학 서적에서 쉽게 찾을 수 있다.

🖰 인구구조와 경기변동

인구구조는 〈그림 3-5〉의 인구 피라미드에서와 같이 노동력의 연령 분포와 연결되므로, 그 변동은 경기변동에 영향을 미칠 수 있다. 예를 들어 Jaimovich와 Siu(2009)는 노동력의 연령 구성의 변화가 G7 국가에서 관찰된 경제 변동성(volatility)의 상당 부분을 설명한다고 주장하였다. 구체적으로 그들은 G7 국가에서 15~19세와 60~64세의 순환적 고용변동의 평균 표준편차가 40~49세의 경우보다 각각 약 6배와 3배 큰 것으로 관측하였다. 또한 Jaimovich와 Siu(2009)는 인구통계학적 변화가 2000년대 초반 미국의 거시경제적 변동성을 완화하는 원인으로 약 1/5~1/3을 차지하는 것으로 파악하였다.[19]

그러나 인구구조가 변동하는 데는 다소의 시간이 필요하며, 경기변동은 비교적 단기간에도 가능하므로 출산과 사망의 변동이 단기의 경기변동에 미치는 영향은 대단히 제한적일 수밖에 없다. 따라서 선행연구는 경기변동에 대한 연령 분포별 대응을 파악하거나, 경기변동이 출산과 사망에 미치는 영향을 분석하는 데 집중하였다. Gomme 등(2004)은 제2차 세계대전 이후 미국의 실증자료를 사용해 경기변동에 따른 청년층과 고령층 인구의 고용 및 근무 시간 변동성이 장년층 인구의 경우보다 훨씬 크게 나타난다고 제시하였다. 이는 경기변동이 연령별 고용의 안정성에 대체로 U자

---

[19] 경기변동이 경제성장에 미치는 영향에 관한 논의는 Ramey와 Ramey(1995)가 생산량 변동성과 경제성장 간에 음(-)의 관련성이 형성된다고 발표한 이후 다양한 연구결과가 발표되었다. 이러한 선행연구의 요약은 황진영(2016)을 참고할 수 있다. 만약 인구구조의 변동이 경기변동과 상호 영향을 주고받는다면, 우리는 인구구조의 변동이 경기변동을 통해서도 경제성장에 영향을 미친다고 파악할 수 있다.

형태의 영향을 미치며, 인구구조의 변동과 경기변동이 관련될 수 있다는 시사점을 제공한다.[20]

2000년 이후의 우리나라 자료를 이용한 정현상(2017)은 연령별 취업자 수가 경기변동(전산업생산지수)에 어떻게 반응하는지 교차 상관관계와 그랜 저 인과관계 검정(Granger causality test)을[21] 이용해 분석하였다. 실증분석 결과는 연령별 취업자 수가 대체로 경기에 후행하여 반응한 것으로 관측 되었다. 또한 경기변동에 대한 청년층 취업자 수의 반응은 다른 연령층의 경우에 비해 빠르게 조정되는 것으로 나타났으며, 특히 30대의 취업자 수 는 경기변동 4개월 전에 반응하며 경기와의 상관관계가 가장 큰 연령층으 로 파악되었다. 이러한 결과는 취업자 수의 관점에서 청년층이 경기변동 에 취약할 수 있음을 의미한다.

🖐 경기변동과 출산

이하에서는 경기변동이 출산에 미치는 영향을 중심으로 살펴본다. 젊은 사 람들이 결혼과 출산을 연기하거나 포기하는 중요한 요인으로 고용의 불안 정성 심화와 일자리의 질 저하를 종종 언급한다. 이처럼 경제의 변동성이 나 노동시장의 불안정성 등이 결혼과 출산에 영향을 미칠 수 있다는 사실 은 상당수의 연구결과를 통해 확인되었다. 예를 들어 Schaller(2013)는 미

---

20) 이는 Jaimovich와 Siu(2009)의 일부 결과와 유사하다.
21) 그랜저 인과관계 검정은 시차분포 모형(distributed lag model)을 이용하여 시계열 변수 간 인과관계(원인과 결과)를 확인할 수 있는 간단한 검정 방법으로 C. Granger가 개발하였다. Clive William John Granger(1934~2009)는 공통 추세에 관한 경제학적 시계열분석 방법론을 개발한 공로로 2003년에 노벨 경제학상을 수상하였다.

국의 주(state)별 자료를 바탕으로 소득수준의 크기 및 변동성이 출산의 결정에 영향을 미친다는 실증분석 결과를 제시하였다. Santos와 Weiss(2016)는 1970~2000년의 미국에서 소득 변동성의 증가가 결혼 연령의 증가와 무관하지 않은 것으로 분석하였다.

또한 Schofield와 Wrigley(1985)는 15~19세기의 역사적 자료를 이용하여 영국에서 곡물 가격의 상승으로 실질임금이 감소할 때 시차를 두고 출산율 감소가 이어졌다고 주장하였다. Kiser와 Whelpton(1953)은 20세기 초 인류가 직면한 경제 대공황 시기에 밀어닥친 급격한 실업률 상승이 출생률 감소를 초래하였다고 지적하였으며, Hill(2015)은 대공황 시기인 1929~33년 동안 미국의 혼인율이 20% 정도 감소한 것으로 제시하였다. Bhaumik과 Nugent(2005)는 1992~2002년의 동독 자료(서독의 결과와 비교하기 위해 동독 자료 이용)를 이용해 실업률 증가와 출산율 감소 간의 관련성을 실증적으로 분석하였다. 그들은 고용의 불확실성이 서독보다 동독에서 훨씬 크게 나타났으며, 이는 출산의 가능성에 영향을 미친 것으로 파악하였다.

Ahn과 Mira(2000)는 스페인에서 남성의 미취업 기간이 길어질수록 결혼할 확률이 줄어들며, 시간제 혹은 임시직 근무 노동자가 결혼할 확률이 상용직 근무 노동자의 경우에 비해 현저하게 떨어진다는 분석결과를 발표하였다. 국내 연구로는 황진영(2013a)이 1980~2005년의 74개 국가 간 통계자료를 이용해 실업률이 출산율에 미치는 음(-)의 효과가 비OECD 국가로 구성된 표본에서 통계적으로 유의한 것으로 관측하였으며, 그 영향은 여성의 경제활동 참여율이 상대적으로 높은 국가에서 큰 것으로 추정하였다. 이상호·이상헌(2010)은 시도 패널자료 및 노동 패널자료 분석을 통해 1997~98년의 금융위기(financial crisis) 이후 급증한 남성의 고용 불안정성 증대가 결혼 건수 감소 및 초혼연령 상승 요인으로 작용하였다고 주장하였다.

최필선·민인식(2015)은 한국고용정보원의 청년패널 1~7차 데이터를 사용해 청년층의 만혼화 경향이 분명하게 나타났으며, 취업 여부가 남녀 모두의 결혼 결정에 통계적으로 유의한 영향을 미치는 것으로 확인하였다. 김유선(2016)은 통계청의 경제활동인구조사 부가조사 자료를 사용해 20~30대 임금근로자를 대상으로 임금수준의 분위별 기혼자 비율(%)을 파악하였는데, 2016년 3월 기준 임금수준이 높은 분위일수록 기혼자 비율이 대체로 높은 것으로 나타났다. 남성의 임금수준과 기혼자 비율 간의 관계는 선형에 가까운 형태로 10분위(상위 10%)의 기혼자 비율이 가장 높은 82.5%이었으며 1분위(하위 10%)의 기혼자 비율은 가장 낮은 6.9%에 불과하였다. 여성은 4분위를 저점으로 임금수준이 높아질수록 기혼자 비율이 증가하는 추세를 나타냈으며, 4분위 기혼자 비율은 28.1%이지만, 10분위 기혼자 비율은 76.7%에 달하였다.

한편 Autor 등(2019)은 제조업에 고용된 인구비율이 높을수록 고용의 질이 좋은 것으로 가정하고, 이러한 고용의 질을 반영하는 변수가 결혼, 출산 및 아이들의 생활 환경에 미치는 영향을 1990~2014년의 미국 자료를 이용해 분석하였다. 그들은 제조업의 고용된 인구비율이 줄어든 지역에서는 남성인구가 감소하였으며, 남성의 제조업에 고용된 인구비율 감소가 결혼과 출산에 부정적 영향을 미친 것으로 판단하였다. 이철희(2023)는

Autor 등(2019)과 유사한 분석을 수행하였는데, 우리나라의 시군별 자료를 이용해 20~44세 인구층의 지역 제조업에 고용된 비율이 합계출산율, 여성의 혼인율 및 유배우 여성 비율에 통계적으로 유의한 양(+)의 영향을 미치는 것으로 추정하였다.

이처럼 젊은 남녀의 혼인과 출산은 경제변동에 따라 쉽게 변하는 경제의 변동성, 노동시장의 안정성(고용의 안정성), 일자리의 질 등의 변동에 큰 영향을 받는다. 그러므로 선행연구는 거시적으로 노동시장의 안정성이 큰 국가나 시대에 살아가는 젊은 남녀, 그리고 미시적으로 안정적인 직종이나 종사상 지위 등을 갖춘 젊은 남녀의 혼인과 출산 의향이 상대적으로 큰 것으로 관측하였다.

🖐 경기변동과 사망

경기침체에 따른 실업률 증가는 출산의 경우와 마찬가지로 사망에 영향을 미칠 수 있다. 개인의 실업은 소득감소와 같은 불안정성의 증가뿐만 아니라 심리적 충격 등을 통해 건강 상태를 악화시킬 수 있다. 예를 들어 Sullivan과 Wachter(2009)는 1970~80년대 미국 펜실베이니아주의 근로자 자료를 이용해 실업이 단기와 장기의 구분 없이 사망률을 증가시킨 것으로 파악하였다. McInerney와 Mellor(2012)는 1994~2008년의 미국 자료를 이용해 고령층 인구의 사망률이 경기침체 때 증가하는 경향을 보이는 것으로 확인하였다.

그러나 일련의 선행연구는 실업이 근로 스트레스로부터 해방시키고 여가를 즐길 수 있게 하므로 건강 상태의 개선을 통해 사망률을 줄일 수 있다고 주장하였다. 또한 경기침체 때는 생산량이 감소하므로 대기오염이 줄어들고, 교통이나 밀집에 따른 스트레스의 감소와 같은 외부효과로 인해 전체 국민들의 건강이 증진될 가능성이 있다. Ruhm(2000)은 1972~91년의 미국 주(state)별 자료를 이용하여 실업률 상승(경기침체)이 사망률 감소에 통계적으로 유의한 영향을 미친다고 추정하였다. 또한 Ruhm(2000)은 실업률이 사망률 감소에 미치는 영향이 20~44세의 연령층 인구에서 가장 크게 나타났으며, 사망원인으로는 교통사고와 살인 등으로 인한 감소폭이 큰 것으로 관측하였다.

국내 연구로는 이철희·김태훈(2011)이 1991~2009년의 시도별 자료를 이용하여 경기침체 때 사망률이 줄어드는 것으로 파악하였으며, 이러한 효과는 65세 이상, 0~4세, 45~64세 인구층의 남성에서 크게 나타나는 것으로 추정하였다. 이철희·김태훈(2011)은 이상의 추정결과를 바탕으로 경기변동의 외부효과가 건강 상태의 개선에 영향을 미칠 가능성이 크다고 제시하였다. 최근 들어 이소영 외 3인(2023)과 Lee와 Kim(2017)은 각각 1991~2021년과 1989~2012년의 우리나라 시도별 자료를 이용해 실업률과 사망률 간의 관계는 대체로 통계적 유의성이 성립하지 않는 것으로 확인하였다.[22]

---

[22] 한편 최근에는 암 사망률이 경기역행적(countercyclical, 총생산과 반대 방향)으로 나타난다는 연구결과가 발표되었다(Lee와 Kim, 2017; Ruhm, 2015). 이는 의료 기술의 발전으로 많은 진료비를 지불할 때 암 치료가 가능해지고, 소득수준의 상승으로 암 치료에 대한 개인의 의료접근성이 커진 사실에 기인한다.

따라서 경기침체는 그 기간과 강도의 정도 혹은 종사자별 지위에 따라 건강에 긍정적·부정적 영향을 미칠 수 있다. 예를 들어 경기침체가 실업률을 증가시키지만, 건강에 미치는 영향은 실직한 사람들이 얼마만큼 그 실직을 감당해 낼 수 있는지와 경기침체가 어느 정도 지속되는지에 달려 있다. 즉 실업이 건강에 미치는 영향은 두 가지 상충하는 요인, 즉 ① 근로 스트레스의 해방과 여가를 즐길 수 있게 하는 긍정적 요인과 ② 소득감소의 불안정성과 심리적 충격과 같은 부정적 요인의 상대적 크기에 의존한다. 또한 경기침체가 노동인구를 제외한 사람들의 건강 상태에는 적어도 단기적으로 긍정적인 영향을 미칠 수 있다. 그런데도 우리는 경기침체가 장기화하여 경제시스템을 유지하기 어려울 때는 전체 국민들의 소득감소와 생계의 불안정성이 가중되므로 경기침체가 전반적인 건강 상태에 부정적 영향을 미칠 것으로 예상할 수 있다.

제 4 장

출산과 경제성장

출산 자체가 현재의 경제성장에 미치는 직접적인 영향은 제한적이다. 그러나 출산율은 여성의 경제활동 참여의 정도와 관련될 뿐만 아니라 미래의 생산가능인구를 결정하며, 다양한 경제변수와 연관 지어 경제성장에 간접적으로 영향을 미친다. 이 장은 출산의 결정요인 및 출산과 성장 간의 관련성에 관한 경제학적 논의의 요약을 제공한다. 제1절은 출산의 결정에 관한 전통적 이론과 출산율 감소의 원인을 제시한 최근의 연구결과를 살펴본다. 제2절은 여성의 고용, 출산 및 성장 간의 내생성에 관한 이론적 논의와 실증적 결과를 요약한다. 제3절은 출산이 경제환경과 어떻게 영향을 주고받는지 우리나라 사례를 중심으로 소개한다. 제4절은 우리나라의 저출산이 앞으로 지속될 것으로 예상되는 상황에서 안정적인 성장을 위해 현시점에서 준비해야 할 사항들을 살펴보고, 출산율이 반등하기 위해서는 어떤 조건들이 요구되는지 제시한다.

1 출산율 감소의 원인

이 절에서는 1960년대 이후 지구상의 대부분 국가가 경험하고 있는 출산율 감소의 원인을 살펴본다. 우리는 출산율이 감소하는 원인을 크게 출산 결정의 수단과 동기로 구분해 설명할 수 있다. 이 절에서는 출산 억제의 수단을 간단히 설명하고, 출산 결정의 동기와 관련된 전통적 이론 및 몇 가지 경제사회적 요인들을 차례로 소개한다. 출산 결정의 동기에 영향을 미치는 경제변수들은 소득수준이나 경제성장을 결정하는 요인으로 작용한다.[1]

---

[1] 이 절의 주요 내용은 황진영(2023)을 바탕으로 재구성한다.

🔁 출산 억제의 수단

출산 억제의 대표적 수단은 부모가 자녀의 수를 물리적으로 조절할 수 있는 능력을 증대시키는 피임방법이다. 인류가 출산율을 줄이려는 노력은 고대로부터 이어졌으며, 다양한 피임방법이 출산 억제의 수단으로 사용되었다.[2] 출산율 감소의 수단은 19세기 중반 이후 피임 도구의 급속한 발전과 함께 진전되었다. 예를 들어 콘돔(condom)은[3] 1844년에 경화 고무가 발명된 이후 질적 개선과 가격 하락을 통해 급속한 보급이 이루어졌다. 1838년에는 자궁경부 캡(cervical cap), 1902년에는 자궁 내 장치(intrauterine device, IUD), 1960년에는 오늘날 흔히 사용되는 피임 도구인 피임약 등이 발명되었다.

피임 도구가 출산 억제의 수단으로 유용하게 작용하였을까? 유럽 국가들의 출산 감소가 오늘날과 같은 피임 도구가 광범위하게 사용되기 이전에 발생하였으므로 그 관련성이 크다고 인정하기에는 어려움이 있다. 그러나 제2차 세계대전 이후 많은 저개발국 혹은 개발도상국의 출산 감소는 피임 도구의 보급 확산과 더불어 발생하였다. 그런데도 저개발국 혹은 개발도상국에서의 현실 관측이 피임 도구의 확산이 없었을지라도 출산이 감소할 수 있었다는 가능성을 제거하지는 못한다.

---

[2] 고대로부터 이어진 낙태 기법·피임 체위·피임 도구 등의 다양한 출산 억제의 수단(즉 피임방법)은 황진영(2023), Weil(2012) 등에 제시되어 있다. 한편 20~30대 부부를 대상으로 한 임신 확률, 즉 "혼인한 부부가 피임을 중단하고 아이를 낳고자 할 때 그다음 달에 임신할 확률"은 약 30%로 알려져 있다(박은태·전광희 역, Jean-Claude Chesnais 저, 2017). 그러나 우리는 이러한 수치를 정확히 파악하기란 불가능하므로, 그 수치는 다소 과소평가 되었을 가능성도 있다.

[3] 콘돔은 동물의 내장이나 뿔·비단 종이·고운 가죽 등 다양한 소재를 이용해 수천 년간 사용되어 온 피임 도구이다.

Keyfitz(1989)는 개발도상국에서 피임 도구를 사용하는 각종 가족계획 프로그램이 출산율 감소의 10~40%를 설명하는 것으로 파악하였다. 또한 Joshi와 Schultz(2007)는 방글라데시 지역의 무작위 실험군을 대상으로 피임 도구의 접근성이 출산율 감소의 약 15% 정도를 설명한다고 제시하였다. 따라서 우리는 출산율 감소가 출산 억제 수단의 발전으로 크게 영향을 받았다고 생각하기에는 어려움이 있으며, 출산율 감소의 대부분이 출산 결정에 대한 동기에 의해 영향을 받은 것으로 파악할 수 있다.

⑤ 출산 결정의 전통적 이론

출산 결정 모형은 경제이론을 이용해 출산율 변천의 동기를 규명한다. 선행연구에서는 다양한 출산 결정 모형들을 발표하였으며, 여기에서는 Becker(1960)의 양(quantity)과 질(quality) 간의 상충관계 모형, Easterlin(1968)의 세대 간 상대소득모형, Leibenstein(1975)의 사회적 상대소득모형 및 Cigno(1992)의 자산소득이론과 같은 전통적 이론을 간단히 소개한다.

- **Becker(1960)의 양과 질 간의 상충관계 모형** : 부모의 소득 상승은 자녀를 출산하고 양육하는 데 투자할 시간을 제약하며 그 비용을 증가시킨다. 즉 부모의 소득 상승은 자녀의 수를 줄이게 하고(출산 감소), 적은 수의 자녀에 대해 고비용이 요구되는 양질의 보육과 교육을 통해 투자의 질을 높이도록 유도한다. 이러한 주장은 자녀의 양과 질 간의 상충관계(quantity-quality tradeoff relationship)를 설명하며, 자녀의 수와 사회계층의 이동성 제고 간에는 음(-)의 상관관계가 형성될 수 있

다는 가정에 기초한다.

- **Easterlin(1968)의 세대 간 상대소득모형** : 만약 어떤 이유에서든 젊은 세대의 노동자 수가 감소하면, 노동시장에서는 경쟁이 약해져 임금이 상승한다. 이에 따라 젊은 세대는 생활수준이 향상되므로 결혼과 출산을 증가시킨다. 자녀 세대의 생활수준 향상은 부모 세대보다 더 많은 자녀를 출산할 여유가 생겨난다는 것을 의미한다. 그러나 약 20년 후 자녀 세대는 늘어난 노동자 수로 인해 노동시장에 진입이 상대적으로 어려워 소득이 줄어들게 되면, 출산율이 다시 감소하는 현상이 생겨난다. 따라서 Easterlin(1968)의 이론은 Becker(1960)의 정태적 모형과는 달리 동태적 관점의 출산율 결정 모형이다.

- **Leibenstein(1975)의 사회적 상대소득모형** : 소득수준이 낮은 가구에서는 상대적으로 많은 수의 어린아이가 스스로 의식주를 충당하며 부모의 생산활동에 도움을 준다. 그러나 소득수준이 높은 가구에서는 자녀들이 훨씬 많은 나이에 도달해서야 노동시장에 참여하므로 자녀로부터 얻을 수 있는 효용이 상대적으로 떨어지게 된다. 따라서 우리는 소득수준이 상승할수록 출산의 편익이 감소하게 되므로 출산의 유인이 줄어들 수 있음을 알 수 있다. Leibenstein(1975) 모형은 Easterlin(1968) 모형의 시계열 준거 기준과는 달리 횡단면 준거 기준, 즉 동시대의 사회계층에 준거하여 출산과 소비지출에 대한 선호가 사회 계층별로 다를 수 있다고 설명한다.

- **Cigno(1992)의 자산소득이론** : 부모들은 은퇴 후 노년기의 소득 보전을 염두에 두면서 자신의 소득을 출산 및 양육의 형태로 자녀들에게

이전한다. 만약 부모가 자녀에 대한 투자의 내부수익률이 시장수익률보다 클 것으로 예상하면, 기꺼이 자녀의 출산과 양육을 선택한다. 그러나 부모가 투자의 수익률이 이상과는 반대로 생겨날 것으로 예상하면, 부모는 다른 투자 메커니즘을 통해 노후 소득의 보전을 추구하려 하므로 출산의 유인이 줄어든다. Cigno(1992)는 거시적 관점에서 시장이자율의 변동에 따른 사적 투자(자녀에 대한 투자)와 시장 투자(예를 들어 공적·사적 연금 가입)의 비중 변화가 출산율의 변화를 불러올 것으로 예측하였다.

🔟 아동사망률

이상의 전통적 이론과 함께 현실 세계에서는 다양한 경제사회적 요인들이 출산의 결정요인으로 작용한다. 예를 들어 아동사망률(child mortality rate) 혹은 영아사망률(infant mortality rate) 감소는 출산율 변천의 초창기에 출산을 감소시키는 가장 큰 요인으로 언급된다.[4] 부모가 자녀의 수를 결정할 때 태어난 아이의 수보다 성인이 될 때까지 생존하는 아이의 수에 더 많은 관심을 기울인다. 만약 사회 전체의 아동사망률이 감소하면, 출산율이 줄어들지라도 생존하는 성인의 수가 같아지거나 많아질 가능성이 존재한다. 따라서 아동사망률의 감소는 부모가 출산을 줄이려는 동기에 큰 영향을 미친다.

역사적 자료는 많은 산업화된 국가에서의 아동사망률이 18세기 중반

---

[4] 이 점은 제3장에서도 살펴보았다.

이후 크게 개선되기 시작한 것으로 제시하는데, 이는 아동사망률의 감소가 소득수준과 밀접하게 관련된다는 사실을 반영한다. 소득수준의 향상은 깨끗한 물과 음식을 확보할 수 있게 하고, 의학의 발전과 치료를 확대함으로써 아동사망률을 감소시킬 뿐 아니라 출생 시 기대여명을 상승시킨다.

이미 제3장에서 언급하였듯이 개발도상국들은 산업화된 국가들에 비해 낮은 소득수준에서 아동사망률이 감소하는 변천을 경험하면서 출산율이 줄어들기 시작하였다. 이러한 현상은 산업화된 국가의 경제사회적 경험과 지식이 개발도상국에 이전되었기 때문에 가능할 수 있었다. 오늘날 아동사망률의 변천이 거의 끝난 산업화된 국가에서는 성인이 될 때까지 생존을 예상하는 불확실성이 거의 사라졌으므로 아동사망률이 출산의 결정(동기)에 미치는 영향은 크게 관측되지 않는다.

⑤ 여성의 경제활동 참여

선행연구에서는 여성의 경제활동 참여의 정도가 출산의 동기에 영향을 미치는 요인으로 가장 많이 언급하였다. 여성의 경제활동 참여 혹은 고용의 증대(혹은 임금의 상승)는 미시적 관점에서 자녀 출산과 양육의 기회비용을 상승시키므로 출산의 감소로 이어진다. 출산의 감소는 부모에게 자녀 교육의 질 개선에 더 큰 관심을 기울이게 하므로[5] 인적자본 형성을 위한 투자를 증가시키고, 이는 여성의 취업이나 임금수준 상승에 영향을 미쳐 여

---

5) 이는 Becker(1960)가 제시한 자녀의 양과 질 간의 상충관계 모형에 기초한다.

성의 경제활동 참여를 늘리도록 유도하는 요인으로 작용한다.[6] 또한 여성의 교육수준 향상이나 경제활동 참여의 증가가 결혼과 출산을 지연시키는 역할을 하며, 이는 더 많은 자녀를 가질 기회를 제약하므로 출산이 감소하는 원인이 된다.

그러나 여성의 경제활동 참여와 출산 간의 관련성이 크지 않으며, 심지어 양(+)의 관련성이 성립할 수 있다는 연구결과도 존재한다. 즉 여성이 경제활동 참여를 증가시킬지라도 직장과 육아를 병행할 수 있도록 제도나 정책이 잘 갖추어져 있으며, 노동시장의 안정성이나 여성의 고용 정책 등이 잘 구축되어 있어 경제 내의 불확실성을 충분히 제거할 수 있는 국가나 사회에서는 여성의 경제활동 참여의 증가가 출산율 제고의 수단이 될 수 있다. 이상의 내용은 다음 절에서 상세히 살펴본다.

🖐 노동시장의 불안정성

또한 노동시장의 불안정성은 가계의 소비수준과 저축 행위(혹은 포트폴리오 구성)의 결정에 영향을 미치고, 자녀 양육의 기회비용을 변동시켜 출산을 결정하는 요인으로 작용한다. 젊은 사람들이 가족 형성을 연기하거나 포기하는 이유 중 하나는 심화한 고용의 불안정성이다. 또한 선행연구에서는 경제 상황의 불안정성이 결혼 및 초산 연령(mother's mean age at first

---

[6] 일부 초창기 연구에서는 출산의 감소로 인해 여유시간이 늘어난 여성들이 경제활동 참여를 증가시키는 것으로 파악하였다(Mincer, 1963; Willis, 1973). 이후 상당한 양의 선행연구는 여성의 경제활동 참여율 결정요인을 분석하였는데, 그 대표적 요인으로는 경기변동·소득수준·출산율·종교·교육수준·사회보장지출·산업구조(변동)·세계화 진전·정보통신기술의 발전·이혼율 등 대단히 다양하다.

birth)을 상승시켜 출산율에 음(-)의 영향을 미치는 가장 큰 요인으로 작용한다고 제시하였다.[7]

특히 부모가 고용의 불확실성으로 인해 출산을 연기할지 결정하는 데는 현재의 불확실성이 어느 정도인지에 의존한다. 만약 불확실성이 낮은 상태에서 불확실성이 커지면, 부모는 소득이나 부가 줄어들 것으로 예상하므로 자녀에 대한 투자(출산)를 연기하거나 회피하려는 선택의 가치를 증가시킨다. 그러나 고용의 불확실성이 이미 높은 상태(즉 고용 전망이 충분히 나쁜 상태)일 때는 자녀의 출산과 양육의 기회비용이 상당히 낮은 수준이므로 출산 지연의 선택에 따른 가치가 크지 않아 상대적으로 출산을 결정할 가능성이 커진다.

또한 부모는 불확실성이 높을수록 미래의 위험을 줄여주는 자녀의 혜택을 더 중요하게 여기고, 이는 출산에 긍정적인 영향을 미칠 가능성을 더욱 증가시킨다. 따라서 불확실성이 낮은 상태에서 일시적인 불확실성의 증가는 부모가 출산을 연기하거나 회피할 가능성이 증가하지만, 불확실성이 상당히 높은 수준에서 추가적인 불확실성의 심화는 출산에 미치는 영향이 크지 않거나 오히려 출산을 선택할 가능성을 높일 수 있다.

🖧 기타 경제사회적 요인

지금까지 살펴본 출산 결정의 동기에 영향을 미치는 요인들은 선행연구에서 언급한 내용 중 일부에 불과하며, 현실에서는 상당히 다양한 추가적인 경제사회적 요인들이 출산율 감소에 영향을 미친다. 즉 출산 결정의 기타

---

[7] 이러한 주장을 펼친 선행연구는 제3장에서 살펴보았다.

경제사회적 요인으로는 이혼율·소득불평등·주택(자산)가격·인구집중·소비의 질·교육비(사교육비) 등 대단히 다양하다. 이처럼 출산의 결정요인들이 다양하다는 사실은 출산의 결정이 다양한 경제활동과 직간접으로 관련된다는 것을 의미하며, 이들 기타 경제사회적 요인 중에서 일부는 이 장 제3절에서 살펴본다.

2 고용, 출산 및 성장 간의 내생성

앞서 살펴본 바와 같이 출산의 결정은 여성의 경제활동 참여의 증가(고용확대)와 무관하지 않다. 또한 출산과 여성의 고용은 소득수준에 영향을 받을 뿐 아니라 향후 경제성장을 결정하는 요인으로 작용한다. 이 절에서는 고용, 출산 및 성장 간의 상호연관성, 즉 이들 변수 간의 내생성(endogeneity)에 관한 이론적 논의와 실증적 연구결과를 살펴본다.

⑤ 소득수준 ⇒ 고용

교육은 소득수준이 상승할수록 사람들이 수요를 증가시키는 정상재(normal goods) 혹은 우등재(superior goods)이다. 소득수준 향상은 사회 전체의 교육투자를 증가시키고, 이에 따라 가계 위주의 경제에서 벗어나 전문적이고 다양한 직업 창출을 유도한다. 또한 소득수준이 향상될수록 더 많은 부가가치 창출을 위한 교육의 질적 개선을 강조한다. 이처럼 소득수준 향상은 많은 여성이 고등교육을 받을 수 있도록 유도하며, 이들의 경제활동 참여(고용)의 증가는 단순 직종을 넘어 전문적 직종에 진출함으로써 여성의 사회적 지위를 상승시킨다. 여성의 교육투자 증가와 사회적 지위의 상승은 양성평등의 사고를 사회 전반에 확대시켜 다시 고용을 증가시키는 요인으로 작용한다.

⑤ 소득수준 ⇒ 출산

소득수준 향상이 출산에 미치는 영향은 미시적 관점의 두 가지 상반된 영향의 상대적 크기로 결정된다. 우리는 사람들이 소비의 대상인 상품이나 서비스에 가치를 부여하듯이 자녀에게 가치를 부여한다고 상정할 수 있다. 즉 소득수준의 향상은 출산에 대해 소득효과(income effect)와 대체효과(substitution effect)를 유발한다. 소득효과는 소득이 상승함에 따라 자녀를 더 소유하려 하므로 출산에 긍정적 영향을 미친다. 그러나 소득수준 향상은 여성의 고용과 사회적 지위를 향상시켜 출산과 양육에 따른 비용을 증가시킬 뿐 아니라 자녀 교육의 질적 개선을 더욱 강조한다. 즉 소득수준의 상승은 자녀의 출산과 양육에 따른 가격 상승으로 자녀를 덜 소유하려는 대체효과가 생겨나므로 출산에 부정적 영향을 미친다.

우리는 이상의 대표자 모형(representative agent model)을 국가 전체에 적용할 때 특정 국가의 소득수준이 출산율 결정에 미치는 영향을 파악할 수 있다. 경제학에서는 통상적으로 부유한 사람일수록 소득효과보다 대체효과가 의사 결정에 큰 영향을 미친다고 가정하므로,[8] 소득수준이 출산에

---

8) 이는 소득에 대한 한계효용이 소득이 증가할수록 줄어든다는 가정에 기초한다.

미치는 영향은 소득수준이 증가할수록 긍정적 요인(소득효과)보다 부정적 요인(대체효과)이 큰 것으로 간주한다. 따라서 소득수준의 향상은 대체로 여성의 고용을 증가시키며 출산을 감소시키는 요인으로 작용한다.

고용과 출산 ⇒ 경제성장

여성의 고용 증대는 생산요소인 노동의 투입 증가를 의미하므로 향후 경제성장에 긍정적 영향을 미친다. 우수한 여성의 고용 증가는 경제 전체의 생산성 향상에도 기여한다. 한편 출산의 감소는 생산가능인구를 감소시켜 총공급과 총수요를 제약할 뿐만 아니라 이후의 논의에서 살펴볼 다양한 경제변수들을 통해 경제성장을 위축시킬 가능성을 증가시킨다. 그러나 제2장에서 살펴본 바와 같이 출산의 감소가 생산가능인구를 감소시킬지라도, 노동량의 조절이나 생산요소의 합리적 배분을 통해 그 투입을 증가시키거나 생산성 향상과 기술진보가 이루어질 때는 경제성장이 증가할 수 있다. 즉 출산의 완만한 감소가 경제성장에 미치는 영향은 불명확하다.

여성의 고용과 출산 간의 내생성

이처럼 소득수준 향상에 따른 출산의 감소는 여성의 경제활동 참여(고용) 증가와 무관하지 않으며, 여성의 고용 증가는 출산 결정의 동기로 작용한다. 즉 여성의 고용 증가는 이미 살펴본 바와 같이 출산과 양육에 따른 비용을 증가시키므로 출산의 결정에 영향을 미친다. 또한 부모가 자녀를 적게 낳을수록 자녀 교육의 질에 큰 관심을 두게 되며, 이는 인적자본에 대한 투자를 증가시켜 미래의 여성 고용이나 임금수준 등에 영향을 미친다. 따라서 선행연구에서는 여성의 경제활동 참여(고용)와 출산 간에는 상호 영향을 주고받는 내생성이 성립한다고 판단하였다.[9]

우리는 이상의 세 변수, 즉 여성의 고용, 출산 및 소득수준 간의 내생성이 현실 세계에서의 성립 여부와 어느 정도의 크기로 관측되는지는 실증적 연구결과를 통해 살펴볼 수 있는데, 이는 이 절의 마지막 부분에서 설명한다. 여기에서는 우리가 여성의 고용과 출산 간의 상호연관성에 관한 분석에서 간과해서는 안 될 몇 가지 중요한 사항을 지적하고자 한다.

(1) 여성의 고용이 출산의 결정에 미치는 영향은 직접적이며 비교적 단기간에 이루어지지만, 출산은 교육투자와 같은 전달경로를 통해 간접적이며 상대적으로 장기간에 걸쳐 여성의 고용에 영향을 미친다. 즉 고용과 출산 간에는 상호관련성이 성립하지만, 변수 가에 미치는 영향의 크기는 다를 수 있다. 구체적으로 여성의 경제활동 참여율의 변동이 출산율 결정에 미치는 영향의 크기가 그 반대 인과관계의 크기에 비해 크게 나타날 수 있다.

이러한 예측은 우리나라 자료를 이용한 황진영·이종하(2012)의 실증분석 결과에서 관측되었다. 즉 그들은 1998~2009년의 우리나라 16개 광역자치단체의 패널자료를 이용해 여성의 고용, 출산 및 성장 간에 내생성이 성립하는 것을 확인하고, 그 영향의 크기를 추

---

9) 황진영(2013b)은 여성의 경제활동 참여(혹은 고용)와 출산 간의 내생성을 제시한 선행연구 요약을 제공한다.

정하였다. 황진영·이종하(2012)는 출산율 변동이 여성의 고용률 결정에 미치는 음(-)의 영향에 비해 여성의 고용률 변동이 출산율 결정에 미치는 음의 영향이 훨씬 큰 것으로 파악하였다. 또한 그들은 여성의 고용률 변동이 경제성장률 결정에 양(+)의 영향을 미치지만, 그 영향의 크기는 대단히 낮은 수준이라고 주장하였다.[10]

(2) 국가 간 실증자료는 여성의 경제활동 참여와 출산 간의 음(-)의 관련성이 모든 국가와 시기에서 동일하게 나타나지(성립하지) 않는다고 제시한다. 예를 들어 Kögel(2004)은 OECD 국가의 시계열 자료를 이용해 이상의 두 변수 간의 음(-)의 관련성이 1980년대 초반까지만 유효하였으며, 이후 시기부터는 양(+)의 관련성이 성립할 수 있다고 주장하였다. 일련의 선행연구에서는 여성의 경제활동 참여와 자녀의 출산과 양육이 충분히 병행될 수 있도록 정책이나 제도적 장치가 마련될 때는 여성의 고용과 출산 간에 양의 관련성이 성립할 수 있다고 제시하였다.[11]

그러나 Kögel(2004)의 발견이 우연한 통계의 함정으로 생겨난 현상일 수 있다. 즉 여성의 경제활동 참여와 출산 간의 양의 관련성이 국가별 관측되지 않은 독특한 특징이나 음의 관련성 크기에 대한 국가 간 이질성에 기인할 수 있다. 이러한 주장은 이상의 두 변수 간의 관련성이 음에서 양으로 바뀌지 않았을 가능성이 여전히 존재한

---

10) 우리는 이러한 크기의 차이를 이후 살펴볼 〈표 4-1〉을 통해서도 알 수 있다.
11) 이러한 주장은 황진영(2013b), Brewster와 Rindfuss(2000), Rindfuss 등(2000) 등에 나타나 있다.

다는 것을 의미한다. 그런데도 만약 여성의 경제활동 참여와 출산 간의 관계가 양의 관련성을 형성한다면, 저출산 문제로 고민하는 많은 국가나 정부에게 상당한 정책적 시사점을 제공한다. 왜냐하면 여성의 경제활동 참여를 증가시키려는 정책이 그 자체의 목적 달성과 함께 향후 출산 증가로 이어질 수 있기 때문이다.

한편 황진영(2013b)은 180여 국가 간 자료를 이용하여 여성의 경제활동 참여율과 합계출산율 간에는 U자 형태의 비선형 관계가 형성될 가능성을 제기하였다. 즉 황진영(2013b)은 여성의 경제활동 참여율이 상대적으로 낮은 수준의 국가들에서는 여성의 경제활동 참여율과 합계출산율 간에 음(-)의 관계를 나타내지만, 여성의 경제활동 참여율이 상대적으로 높은 국가들에서는 여성의 경제활동 참여율과 합계출산율 간에 양(+)의 관계를 형성한다는 결론을 도출하였다.

이상의 결과는 여성이 직장과 육아를 병행할 수 있도록 제도나 정책, 사회보장, 노동시장 정책 등이 잘 갖춰져 있는 국가에서는 여성의 경제활동 참여율과 출산율 간에 양의 관련성이 성립할 수 있음을 시사한다. 그러나 국가별 여성의 경제활동 참여율 차이는 경제·사회·문화·환경 등의 이질성을 반영하므로 경제활동 참여율과 출산율 간의 명확한 관련성을 제시한다는 것은 불가능할 수 있다. 즉 여성의 경제활동 참여율과 합계출산율 간의 U자 형태의 관계는 Kögel(2004)의 논의에서와 같이 통계의 함정으로 나타난 결과일 수 있다.

(3) 일련의 선행연구에서는 여성의 경제활동 참여와 출산 간의 전달경

로로서 여성의 초산 연령을 사용하였다. 초산 연령의 증가는 생물학적으로 더 많은 자녀를 가질 기회를 제약하므로 자연히 출산율 감소로 이어진다.[12] 초산 연령의 상승은 결혼을 연기하거나 가족을 형성하는 나이가 늦어지고 있는 현실과도 무관하지 않다. 이처럼 평균 출산 연령의 상승이 출산율에 미치는 영향을 인구학에서는 속도효과(tempo effect)로 부른다.

젊은 남녀들이 결혼 및 출산을 연기하는 이유로서 여성의 교육수준 향상과 고용의 증대, 경제의 불확실성 확대 등이 제시된다. 따라서 여성의 경제활동 참여가 높은 수준인 국가에서는 초산 연령이 평균적으로 높게 나타나고, 이는 장기적 관점에서 출산을 제약하는 요인으로 작용한다. 예를 들어 Hwang과 Lee(2014)는 156개 국가 간 자료를 이용해 여성의 교육수준이 출산의 시기와 수준에 미치는 영향을 파악하였는데, 여성의 교육수준이 높은 국가일수록 평균적으로 초산 연령(출산의 시기)이 상승하고 합계출산율(출산의 수준)이 떨어지는 추정결과를 도출하였다.

그러나 Matysiak(2008)은 여성의 경제활동 참여율이 상대적으로 높은 국가나 출산율이 상대적으로 낮은 국가에서는 전달경로로서 초산 연령의 유효성이 미약하게 나타난다고 제시하였다. 다시 말해 ① 여성의 경제활동 참여율이 상대적으로 높은 국가, 즉 직장과 육아를 병행할 수 있는 제도적 장치를 갖춘 선진 복지국가 혹은 ② 경

---

12) 여성이 출산율 감소로 인해 평생 출산과 양육에 소비하는 총시간을 줄일 수 있으므로 초산 연령의 증가가 생겨났을 수 있다. 즉 출산율과 초산 연령 간에도 인과관계의 문제점이 존재한다.

제활동 참여가 출산 결정에 미치는 영향이 크지 않은 저개발 농경 국가에서는 여성의 경제활동 참여가 초산 연령에 큰 영향을 미치지 않을 수 있다.

이상의 논의를 종합하면, 우리는 여성의 고용(경제활동 참여), 출산(율) 및 성장(소득수준) 간에는 서로서로 영향을 주고받는 상호연관성이 성립한다는 사실을 알 수 있다. 〈그림 4-1〉은 지금까지 살펴본 세 변수 간의 내생성에 관한 이론적 논의의 요약을 제공하며, 이하에서는 이들 세 변수 간의 내생성을 추정한 실증분석 결과를 소개한다.

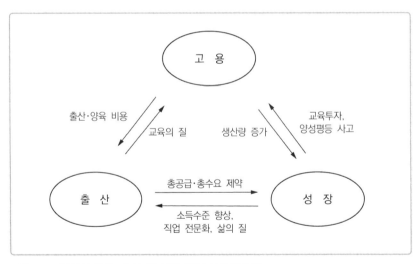

그림 4-1 여성의 고용, 출산 및 성장 간의 상호연관성

출처 : 황진영(2023)

📑 고용, 출산 및 성장 간의 내생성에 관한 실증분석

일련의 선행연구는 변수 간 내생성의 크기를 파악하기 위해 시계열 자료를 바탕으로 동태적 상호연관성을 파악하였다. 예를 들어 Wang 등(1994)은 고용, 출산 및 성장 간에 존재하는 내생성에 기초한 동태적 비교분석을 통해 몇 가지 시사점을 유도하였으며, 미국의 상시인구조사(current population survey)에 기초한 자료(노동시간을 고용량의 대리변수로 사용)를 이용한 실증분석 결과를 제공하였다. 구체적으로 Wang 등(1994)은 고용량, 출산율 및 생산량 간에는 내생성이 성립하며, 고용량, 출산율 및 생산량 충격이 발생할 때 각각의 내생변수들이 어떻게 조정되는지에 관한 동태적 변동 추이를 관측하였다.

Lee 등(2012)은 구조적 벡터자기회귀(Structural Vector Auto Regression, SVAR) 모형에 기초해 여성의 고용(여성의 경제활동 참여율), 출산(합계출산율) 및 경제성장(1인당 실질 GDP 증가율) 간에 존재하는 내생성의 크기를 1980~2008년의 8개 동아시아 국가와 15개 유럽연합(EU) 국가를 대상으로 비교 분석하였다. 구체적으로 Lee 등(2012)은 분산분해(variance decomposition)의[13] 결과를 제공하였는데, 〈표 4-1〉은 그들이 제공한 분석 결과의 요약이다. 우리는 〈표 4-1〉을 통해 몇 가지 흥미로운 사실을 발견할 수 있다.

---

[13] 분산분해는 특정 변수의 변동이 다른 내생변수에 미치는 영향을 관측하는 계량분석의 방법론이다. 즉 분산분해는 "전체 변동에 대한 각각의 내생변수 변동이 기여한 부분의 상대적 크기를 측정하는 방법"을 일컫는다. 이러한 방법론에 관한 상세한 내용은 계량경제학 서적을 참고할 수 있다.

표 4-1 여성의 경제활동 참여, 출산 및 성장 간의 분산분해

(단위 : %)

		합계출산율(TFR)	경제활동 참여율(FLP)	경제성장률(GR)
8개 동아시아 국가	TFR 변동	88.71	5.40	6.77
	FLP 변동	10.56	94.48	3.00
	GR 변동	0.73	0.12	90.23
15개 유럽연합 국가	TFR 변동	97.40	0.60	4.16
	FLP 변동	1.30	92.43	10.41
	GR 변동	1.30	6.97	85.43

주 : 8개 동아시아 국가는 대한민국, 말레이시아, 싱가포르, 인도네시아, 일본, 중국, 태국 및 필리핀이며, 15개 유럽연합 국가는 그리스, 네덜란드, 덴마크, 독일, 룩셈부르크, 벨기에, 스웨덴, 스페인, 아일랜드, 영국, 오스트리아, 이탈리아, 포르투갈, 프랑스 및 핀란드이다.

출처 : Lee 등(2012)

- 여성의 경제활동 참여(고용)의 변동이 성장의 결정에 미치는 영향은 8개 동아시아 국가 간의 관계(3.00)에 비해 15개 유럽연합 국가 간의 관계(10.41)에서 크게 관측된다.

- 출산의 변동이 성장의 결정에 미치는 영향은 15개 유럽연합 국가 간의 관계(4.16)에 비해 8개 동아시아 국가 간의 관계(6.77)에서 크게 나타난다.

- 15개 유럽연합 국가 간의 관계에서는 출산의 변동이 여성의 경제활동 참여 결정에 미치는 영향(0.60)과 여성의 경제활동 참여 변동이 출산의 결정에 미치는 영향(1.3)은 크지 않지만, 8개 동아시아 국가 간의 관계에서는 출산의 변동이 여성의 경제활동 참여 결정에 미치는 영향(5.40)과 여성의 경제활동 참여 변동이 출산의 결정에 미치는 영향(10.56)

은 상대적으로 크게 추정된다.

- 경제성장의 변동이 출산의 결정과 여성의 경제활동 참여의 결정에 미치는 영향은 8개 동아시아 국가 간의 관계에서는(각각 0.73과 0.12) 크지 않지만, 15개 유럽연합 국가 간의 관계에서는(각각 1.30과 6.97) 상대적으로 크게 관측된다.

- 따라서 여성의 경제활동 참여 변동과 출산의 변동이 결합해 성장의 결정에 미치는 영향(8개 동아시아 국가 : 9.77, 15개 유럽연합 국가 : 14.57)과 성장의 변동이 여성의 경제활동 참여 결정과 출산의 결정에 미치는 영향(8개 동아시아 국가 : 0.85, 15개 유럽연합 국가 : 8.27)은 8개 동아시아 국가 간의 관계에 비해 15개 유럽연합 국가 간의 관계에서 상대적으로 크게 나타난다.

이상의 연구결과는 유럽연합 국가의 경제가 상대적으로 발전하였을 뿐 아니라 국경 없는 노동시장을 반영한다. 유럽연합 국가의 여성들은 본국에서 거주하며 출산하지만, 직업에 따라 인근 국가에서 일하는 것이 충분히 가능하다. 그러나 동아시아 국가의 여성들은 인근 국가로의 자유로운 이동과 공식적인 직업을 갖는 것이 불가능하다. 이에 따라 성장이 여성의 경제활동 참여와 출산에 미치는 영향이 유럽연합 국가 간에서 상대적으로 크게 관측된다.

또한 유럽연합 국가 간의 경제사회 정책의 조화(policy coordination)가[14]

---

[14] Castles(2004), Hwang 등(2009) 등은 유럽연합 국가 간의 경제사회 정책 조화가 실질적으로 나타나는 사례를 제시하였다.

여성의 경제활동 참여와 출산이 성장에 미치는 영향을 상대적으로 크게 만들 수 있다. 왜냐하면 여성의 경제활동 참여와 출산이 성장에 미치는 영향은 다양한 경제사회적 정책에 영향을 받기 마련이기 때문이다. 예를 들어 Takayama와 Werding(2011)은 여성의 경제활동 참여와 출산이 성장에 미치는 영향의 정도가 성평등의 제도적 기반이나 노동시장 규제와 같은 제도의 질에 의존한다고 제시하였다.

3 출산과 경제환경

출산은 가계의 소득이나 소비와 영향을 주고받으며, 다양한 거시경제 변수 혹은 경제환경과 관련된다. 이 절에서는 경제환경이 어떻게 출산 결정과 영향을 주고받을 수 있는지 살펴본다. 경제환경은 소득수준이나 경제성장의 결정요인으로 작용하므로 출산은 이하에서 살펴볼 경제환경의 변화를 통해 간접적으로 경제성장에 영향을 미친다.

🖫 소득불평등

de la Croix와 Doepke(2004) 그리고 Doepke와 de la Croix(2003)는 자녀의 양과 질 간의 상충관계를 이용해 소득불평등 심화가 (소수의) 부유한 사람들과 (다수의) 가난한 사람들 간의 출산율 차이를 증가시킨다고 주장하였다. 소수의 부유한 사람들은 자녀의 질을 강조하지만, 다수의 가난한 사람들은 자녀의 양을 늘리려 한다. 이는 소득불평등이 심한 국가나 사회에서 상대적으로 높은 출산율과 낮은 교육투자가 지속되므로 소득불평등과 출산율 간에는 양(+)의 관계가 형성될 수 있음을 의미한다. 이러한 주장은 저개발국 혹은 개발도상국에서 상대적으로 심한 소득불평등, 높은 출산율 및 낮은 교육투자가 나타나는 현실경제를 설명한다.

또한 하준경(2012)은 저소득층이나 중산층이 고소득층의 교육투자 수준을 쫓아가려 하는, 즉 '존스가족 따라 하기'(keeping up with the Joneses)[15] 경향을 이용해 소득불평등이 출산율에 미치는 영향을 분석하였다. 소득불평등이 심화할수록 저소득층이나 중산층의 교육투자 수준이 고소득층의 교육투자 수준을 따라잡기 어려워지며, 이에 따라 저소득층이나 중산층 가정은 자녀의 수를 제한하는 방식으로 그들의 소득에서 교육비 지출을 늘리려 한다. 이상의 논의는 소득불평등이 심화할수록 출산율이 줄어드는, 즉 소득불평등과 출산율 간에는 음(-)의 관계가 성립할 수 있음을 제시한다.

따라서 소득불평등이 교육투자를 매개로 출산에 미치는 영향은 경제환경에 따라 다르게 나타날 수 있다. 자녀 교육의 질에 관심이 상대적으로 적은 국가나 사회에서는 소득불평등이 출산율에 양(+)의 영향을 미칠 가능성이 크게 생겨나며, 이는 저개발국 혹은 개발도상국의 현실경제를 반영한다. 그러나 산업화된 국가에서와 같이 자녀 교육의 질에 관심이 많은 국가나 사회에서는 소득불평등이 출산 결정에 부정적 영향을 미칠 가능성이 상대적으로 증가한다.

---

15) '존스 가족 따라 하기'는 사회 계급이나 물질의 축적에 대해 이웃과의 비교를 언급하는 것으로 많은 영어권 지역에서 사용되는 관용구이다. 우리는 '존스 가족 따라 하기'를 통상적으로 "이웃 사람과 경쟁하다" 혹은 "남에게 뒤지지 않으려 노력한다"와 같이 해석할 수 있다.

🖥 경기부양 수단의 주택정책

일련의 선행연구는 우리나라의 높은 주택가격이 젊은 남녀들에게 큰 부담으로 작용해 출산의 시기(초산 연령)를 늦추고 수준(합계출산율)을 떨어뜨리는 데 영향을 미친다고 주장하였다. 예를 들어 서미숙(2013)은 한국보건사회연구원과 국민은행이 제공한 자료를 재구성한 146개 지역의 5,808명 자료를 사용해 아파트 매매가격이 상승할수록 전세 거주자가 자녀를 출산할 확률이 자가 거주자의 경우에 비해 현저히 떨어지는 것으로 파악하였다. 김민영·황진영(2016)은 2009~13년의 우리나라 16개 광역자치단체의 자료를 이용해 주택 매매가격과 전세가격의 증가가 초산 연령의 상승과 합계출산율 감소에 대체로 통계적으로 유의한 영향을 미친다는 실증분석 결과를 도출하였다.

또한 이재희·박진백(2020)은 서울시 주택가격이 상승한 2014~18년 동안 합계출산율이 0.222명 감소하였는데, 이 감소의 약 24.2%가 아파트 가격 상승에 기인한다고 분석하였다.[16] 우리나라는 지난 수십 년간 경기부양을 목적으로 주택(부동산)정책을 사용하였다. 단기적인 경기부양이나 주택소비를 촉진하는 정책이 주택에 대한 수요를 증가시켜 주택가격을 상승시켰으므로 젊은 무주택자들에게 주택구입을 더욱 어렵게 만들었다. 또한 주택가격의 상승이 주택가격의 변동성 증가와 지역별 격차를 심화시켜 경제 내의 불확실성을 증폭시켰다.

---

16) 만약 주택을 소유한 사람들만을 분석 대상으로 삼는다면, 주택가격 상승이 자산효과(wealth effect)를 유발하므로 주택가격과 출산율 간에 양(+)의 관계가 성립할 가능성이 있다(Dettling과 Kearney, 2014; Lovenheim과 Mumford, 2011).

따라서 주택가격의 상승은 저출산의 직간접적 원인으로 작용하였다. 우리는 오늘날 저출산으로 인해 상당한 경제사회적 비용을 지불하고 있으므로, 앞으로 출산율을 높이고 지속 가능한 복지재정을 구축할 수 있는 방향으로 새로운 주택정책을 마련해야 한다. 또한 현재의 저출산이 조만간 주택수요의 감소로 이어질 때는 경제에 미치는 부정적 영향이 상당히 클 수 있으므로, 우리는 앞으로 생겨날 주택 관련 문제점들에 대한 대책을 시급히 준비해야 한다.

⑤ 인구집중

인구집중은 집적(agglomeration)에 따른 이익을 통해 사람들이 소비하는 상품과 서비스의 양을 확대하고 질을 개선하지만, 출산과 양육에 따른 기회비용을 증가시켜 출산을 제약하는 요인이 될 수 있다. 기획재정부가 발간한 『월간 재정동향 및 이슈』(2022년 4월호)에서는 2018년 기준 결혼 5년 미만 신혼부부 중에서 자녀가 없는 비율이 수도권은 43.6%로 지방의 36.2%보다 높게 나타났으며, 2명 이상 다자녀가 있는 부부 비율은 수도권이 11.9%로 지방의 16.3%에 비해 낮은 것으로 분석하였다. 이는 인구밀도가 높은 수도권에 거주하는 젊은 남녀가 경쟁의 심화와 미래에 대한 불확실성으로 인해 결혼과 출산을 연기함으로써 만혼과 출산율 하락의 주요 원인일 수 있음을 시사한다.

서울시의 출산율은 다른 광역자치단체의 경우와 비교하여 상당히 낮은 수준이며, 상대적으로 인구밀도가 높은 '시'의 평균 출산율이 인구밀도가 낮은 '도'의 평균 출산율보다 낮은 수준이다. 예를 들어 2023년 기준 서울시와 부산시의 합계출산율은 각각 0.55명과 0.66명으로 17개 광역자치단체 중에서 첫 번째와 두 번째로 가장 낮은 수준이며, 8개 시(특별시+광역시+특별자치시)와 9개 도의 평균 합계출산율은 각각 0.63명과 0.81명이다(통계청 보도자료, 2024). 젊은 남녀가 수도권으로 집중되면서 인구집중이 출산에 미치는 부정적 효과가 점증하였으며, 이에 따라 우리나라 전체의 출산율이 지속해서 하락하고 있다.

우리는 인구집중이 초래하는 또 다른 사회현상으로 높은 수준의 사교육을 들 수 있다. 사교육비의 증가는 가계의 경제적인 부담으로 작용해 결혼을 꺼리며 출산을 연기하거나 포기하는 결정에 영향을 미치는 요인으로 작용한다. 박진백(2021)은 2009~20년의 우리나라 16개 광역자치단체 자료를 이용해 합계출산율 변동에 대한 전년도 사교육비 기여율을 22.5~32.5%로 추정하였다. 따라서 지역균형발전과 같은 장기적 관점의 경제사회적 구조 혹은 제도의 변화는 인구의 지역 간 분포를 줄여 출산율 제고에 도움을 줄 수 있다.

5 재정지출의 세대 간 경쟁

분야별 재정지출은 ① 경제사회적 여건과 ② 정책의 우선순위에 의해 결정된다. 오늘날의 급격한 인구구조 변화는 경제사회의 여건이나 정책의 우선순위를 바꿀 수 있다. 왜냐하면 저출산으로 인해 젊은 사람들의 수는 갈수록 줄어들고, 인구 고령화로 인해 고령층 인구가 급속히 늘어나기 때문이다. 또한 젊은 사람들과 고령층 인구가 선호하는 재정지출의 분야가 다를 수 있으므로 재정지출의 구성에 대한 세대 간 경쟁(intergenerational competition)이 생겨난다. 예를 들어 젊은 사람들은 재정의 많은 부분을 교육·주택 등의 분야에 지출하기를 희망하지만, 고령층 인구는 건강·사회보장 등의 분야에 지출을 선호한다.

일련의 정치경제학 문헌에서는 고령층 인구가 증가할수록 그들의 정치적 영향력이 커져서 그들에게 유리한 재정정책이 선택되도록 정치적 압력을 행사할 수 있다고 주장하였다.[17] 또한 고령층 인구는 대체로 자산이나 부 혹은 연금으로 생활하는데, 현재의 연금제도가 지속될 때는 저출산으로 인해 젊은 사람들의 부담이 점증하므로 세대 간 갈등이 커지기 마련이다. 따라서 우리가 현시점의 세대 간 갈등을 줄일 수 있는 적절한 제도의 개혁을 마련하지 못한다면, 현재 세대의 재정적 부담이 미래 세대로 이전하게 되므로 저출산의 극복이나 안정적이고 지속적인 경제성장은 더욱 어려워진다.

🖥 이민정책

많은 산업화된 국가는 저출산에 대응하기 위해 이민정책을 적극적으로 활용하였다. 이민자의 유입이 출산율 제고에 도움을 줄 수 있는 근거는 결혼을 늘려 출산을 높일 수 있으며, 국내 이민자들의 출산 의향이 현재 우리나라의 출산율보다 높을 수 있다는 관측에 기인한다. 우리는 이민자들의

---

17) 고령층 인구의 정치 참여 증대에 관한 논의는 제5장에서도 설명한다.

출산 의향이 출신 국가의 현재 출산율에 영향을 받으며, 우리나라 출산율이 세계 최저 수준임을 고려할 때 이민정책의 활용은 적어도 단기적으로 출산율 제고에 도움을 줄 것으로 기대할 수 있다.

예를 들어 고원식(2019)은 여성가족부에서 실시한 「2015년 전국 다문화 가족 실태조사」 자료의 가임기 여성 결혼이민자 혹은 여성 혼인귀화자를 대상으로 출산율을 분석하였다. 고원식(2019)은 출신 국가의 합계출산율이 높은 결혼이민 여성이 상대적으로 출산 의향이 큰 것으로 파악하였다. 이는 이민정책이 적어도 단기적으로 출산율 제고에 도움을 줄 수 있으며, 다음 절에서 살펴볼 '희망하는 출산'(desired fertility)이 실제의 출산율과 밀접하게 관련된다는 사실을 의미한다.

그러나 이민정책의 기본 목적은 출산율 제고보다 노동력을 확보하는 데 있다. 우리는 일방적인 다문화 정책의 시행으로 사회통합이 저해되고, 불법체류사의 승가로 인한 단속과 추방 등의 비용이 요구되며, 언어와 문화의 이질성으로 원주민과의 갈등 고조 등의 문제점들이 생겨난다는 것을 경계해야 한다. 또한 이민자의 의식이나 문화는 시간이 흘러감에 따라 적응 과정을 걸쳐 점차 우리 사회에 동화되므로, 이민정책이 출산율 제고에 지속해서 큰 효과를 발휘할 것으로 기대하기 어렵다. 따라서 이민정책은 노동력 확보와 같은 긍정적 효과를 위해 다양한 사회적 비용을 지불해야 하며, 출산율 제고와 같은 한 가지 목적만 생각할 때도 단기적인 효과를 나타내는 데 불과할 수 있다는 한계를 지닌다.

우리는 지금까지 현재의 저출산이 미래의 경제사회에 상당히 큰 영향을 미칠 수 있다는 사실을 살펴보았다. 이 절에서는 출산 감소가 곧장 인구 감소로 연결되지 않는 인구 모멘텀의 개념을 설명하고, 저출산으로 인해 앞으로 인구가 어떻게 조정될지 살펴본다. 또한 이 절에서는 저출산이 경제성장에 미칠 영향을 중심으로 인구정책의 방향 전환과 저출산 반등의 조건을 검토한다.

🔁 인구 모멘텀

인구규모 혹은 인구증가율은 출산율과 사망률 변천의 상호작용으로 결정된다. 우리는 이러한 변천을 제3장에서 순재생산율을 이용해 파악하였다. 즉 특정 국가의 순재생산율이 1일 때는 그 국가의 인구가 일정하므로 인구증가율이 영(0)이 되고, 순재생산율이 1보다 큰(작은) 국가에서는 인구가 계속해서 증가(감소)한다.[18] 그러나 현실에서는 "순재생산율=1"인 상황에서도 상당 기간 인구가 증가 혹은 감소하는 현상이 생겨난다. 인구학에서는 이러한 현상을 인구 모멘텀(population momentum)이라 부르며, 양의 모멘텀과 음의 모멘텀으로 구분한다.

- **양의 모멘텀**(positive momentum) : 과거 높은 수준의 출산으로 인해 가임기 여성의 인구 비중이 높을 때는 출산율이 대체출산율보다 낮은 수준을

[18) 물론 이 예에는 이주를 고려하지 않는다고 가정한다.

유지하더라도 절대적인 출생아 수가 많아 인구가 증가하는 현상

- **음의 모멘텀**(negative momentum) : 대체출산율보다 낮은 수준의 출산율이 지속함으로써 부모 세대와 비교해 자녀 세대의 규모가 작아짐에 따라 자녀 세대가 가임기에 접어들었을 때 출산율이 대체출산율을 능가한다고 할지라도 절대적인 출생아 수가 작아 인구가 감소하는 현상

이때 대체출산율(replacement fertility rate)은 "특정 국가나 지역이 현재의 인구수를 유지하기 위해 요구되는 수준의 합계출산율"을 뜻하며, 소득수준이 높은 산업화된 국가에서는 대략 2.05~2.1명이다. 이처럼 대체출산율이 2명을 조금 상회하는 이유는 합계출산율 정의에서 가정하는 것과 달리 모든 여성이 출생부터 가임기까지 생존하지 않을 수 있으며, 출생 시 남자아이와 여자아이의 성비가 다르다는 사실에 근거한다.[19] 일반적으로 저개발국이나 개발도상국의 대체출산율은 높은 아동사망률(영아사망률)로 인해 산업화된 국가의 경우보다 높게 나타난다. 또한 대체출산율은 국가 간 정치적 안정성(예 : 전쟁이나 테러)·의료 발전과 보건 체계·살인 범죄율·남아선호사상 등의 차이로 인해 국가마다 조금씩 다르게 관측된다.

따라서 인구 모멘텀은 출산율이 대체출산율보다 낮아도 미래의 인구는 일정 기간 증가할 수 있으며, 출산율이 대체출산율보다 높아도 미래의 인구는 한동안 감소할 수 있음을 지적한다. 우리나라의 합계출산율이 1980년대 중반에 2명 이하로 떨어졌지만, 앞서 살펴본 바와 같이 2020년까지

---

[19] 제3장에서 설명한 바와 같이 새로 태어나는 여자아이가 100명일 때 남자아이는 통상 105명 정도이다.

인구규모가 증가하였다(표 1-3 참조). 다시 말해 출산율 감소가 곧장 인구
감소로 연결되지 않으므로 저출산으로 인한 경제사회적 문제점들이 한동
안 과소평가되는 경향이 있다.

🔁 출생아 수와 사망자 수

이제 우리는 미래의 인구규모를 출생아 수와 사망자 수의 관계를 이용해
예측하고자 한다. 〈그림 4-2〉는 통계청(2023)이 제공한 것으로 1985~
2072년의 연도별 출생아 수와 사망자 수 간의 차이, 즉 인구의 자연증가
추세와 추계를 제공한다. 즉 출생아 수는 2022년에 약 25만 명에서 2072
년에 약 16만 명으로 감소하고, 사망자 수는 2022년에 약 36만 명에서
2072년에 약 69만 명으로 증가한다. 이에 따라 통계청(2023)은 인구의 자

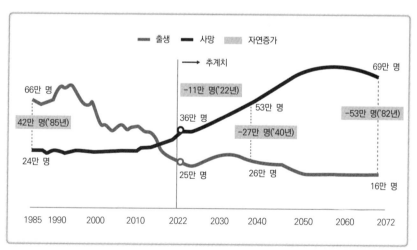

그림 4-2 인구의 자연증가(출생아 수 – 사망자 수) 추세와 추계

출처 : 통계청(2023)

연증가를 2022년에 약 -11만 명에서 2040년에 약 -27만 명, 2072년에 약 -53만 명 수준으로 전망하였다. 이처럼 인구의 자연감소는 출산율 감소와 인구 고령화로 인해 빠르게 진행될 것으로 예상된다.

따라서 통계청(2023)은 생산가능인구가 2022년에 약 3,674만 명에서 향후 10년간 약 332만 명 감소하며, 이후에도 지속해서 감소해 2072년에 약 1,658만 명 수준일 것으로 추계하였다. 이는 지난 몇십 년간 이어온 저출산으로 인해 향후 생산가능인구가 급감한다는 것을 의미한다. 그러나 생산가능인구의 감소가 제2장에서 살펴본 바와 같이 직접적인 노동량의 감소로 반드시 연결되지 않을 수 있다. 전체 노동량의 크기는 생산가능인구의 크기와 함께 경제활동 참여율·취업률·노동시간·노동조건 등 다양한 요인에 의해 결정된다. 그런데도 생산가능인구의 급격한 감소는 현재의 경제사회 시스템을 유지할 때 노동력 부족을 불가피하게 초래한다.[20]

🖥 작은 국가로의 조정

우리는 경제 제도나 정책 조정을 통해 생산가능인구를 늘릴 수 있을 것으로 제시하였지만, 취업률이나 노동시간 등의 조정에는 기본적으로 한계가 존재한다. 즉 생산가능인구를 늘리기 위한 경제사회 시스템의 기본 방향은 출산율을 높이는 데 있어야 한다. 그렇다면 우리나라의 출산율이 과연 반등할 수 있을 것이며, 그렇게 만들기 위해서는 어떤 전제조건들이 요구될까? 만약 출산율 반등이 조만간 이루어지지 않는다면, 우리는 지금까지 한 번도

---

[20] 생산가능인구 확충을 위한 경제사회 시스템 전환에 관해서는 제5장에서 다시 논의한다.

경험하지 못한 지속적인 인구 감소의 시대를 어떻게 대비해야 할까? 이 분야의 연구는 안타깝게도 상당히 부분적으로 혹은 제한적으로 이루어졌다.

만약 현재의 출산율이 지속하거나 혹은 향후 출산율이 더 떨어진다면, 우리는 부득이 국가나 사회의 모든 영역(부문)을 축소하는 방향으로 조정해야 한다. 우리 사회는 제2장에서 언급한 바와 같이 생산가능인구의 확충을 위한 다양한 노력, 즉 퇴직 연령의 증가·고용률 확대·노동시간 조정·외국 인력 도입 증대 등과 더불어 생산성 향상을 위한 기계나 인공지능(AI)의 확충과 인적자본 증대를 위한 혁신적 교육체계의 변화를 추구해야 한다. 이처럼 우리 경제가 앞으로 나아가야 할 방향은 안병권 외 2인(2017), 이종화(2023) 등의 선행연구에서 주장하였지만, 그 구체적 방안들이 아직 마련되지 않고 있는 실정이다.

또한 인구가 증가하는 시대로부터 이어져 온 교육·국방·의료·행정 등 거의 모든 부문의 규모를 적절하게 조정해야 하며, 인구소멸 지역을 고려한 행정구역 개편을 추진해야 한다. 행정구역 개편은 논의만 무성할 뿐 아직 방향도 설정하지 못한 채 부분적인 조정만 이루어지고 있다. 또한 산업구조는 노동집약적인 전통적 방식에서 하루빨리 벗어나야 하며, 정부는 인적자본을 대체할 기계나 인공지능(AI)을 이용한 유망산업을 조기에 발굴하고 육성해야 한다. 현재의 평준화 위주의 교육제도는 인적자본 확충을 위해 시장중심 체제로 전환하는 과감한 혁신이 요구된다.

따라서 현재의 우리나라 출산율이 조만간 반등하지 않는다면, 조세나 연금제도 등을 포함한 제도나 정책은 물론 국가나 지역의 모든 영역이나 부문을 조정하거나 줄여나가야 한다. 이러한 국가나 사회의 모든 영역(부문)에서 실행해아 할 나운사이징(downsizing)은 오랜 시간이 소요될 뿐 아니라 다양한 형태의 사회적 갈등과 충돌을 초래할 것으로 쉽게 예상되므로, 가능한 모든 시나리오에 기초한 제도나 정책 수립이 시급히 필요하다.

⑤ 저출산 반등의 조건

여기에서는 저출산을 극복하기 위한 근본적인 조건들을 검토하면서 이 장을 마무리한다. 엄청난 양의 선행연구는 우리나라의 저출산 극복을 위한 정책과제나 제언을 제시하였다. 이 절에서는 저출산 극복의 구체적 방안으로 제시되는 제도나 정책에 관한 설명을 지양하고, 근본적으로 고쳐나가야 할 경제사회 시스템에 관한 몇 가지 논의를 제공한다.

우리나라의 출산율이 감소하는 이유는 젊은 남녀들의 '희망하는 출산'(desired fertility)이 계속해서 줄어들기 때문이다. Weil(2012)은 희망하는 출산의 정도와 합계출산율 간에는 밀접한 양(+)의 관련성이 성립한다고 주장하였다. 젊은 남녀들의 희망하는 출산이 줄어드는 이유는 이 장 제1절에서 살펴본 바와 같이 상당히 다양하다. 이하에서는 선행연구에서 제한적으로 언급한 경제사회 시스템에 관한 몇 가지 논의(혹은 조건)를 통해 희망하는 출산을 높이는, 즉 출산의 반등 조건을 제시한다.

출산장려정책의 실효성 증대

출산장려정책은 크게 현금성 지원과 서비스 지원으로 구분되는데, 현재 시행되고 있는 정책들은 희망하는 출산율을 높이지 못하는 명확한 한계를 지닌다. 현금성 지원은 사람들의 삶의 질에 대한 욕구가 이미 높은 수준(높은 소득수준)에서 시행되어 부모가 편익 증가와 비용 감소를 충분히 인식할 수 있을 만큼이 아니므로 그 실효성이 떨어진다. 서비스 지원은 사람들의 요구(수요)가 상당히 높은 실정임에도 불구하고, 노동집약적 산업구조로 인해 보육이나 교육이 현실과는 괴리가 큰 제한적 시행으로 젊은 사람들 간의 위화감(혹은 거주지역 간의 위화감)을 키워왔다.

이처럼 현재의 출산장려정책은 예산상의 경제적 제약이나 정책 형평성의 정치적 제약 등 상당한 제약조건으로 인해 그 실효성이 낮은 수준에 머물러 있다. 즉 현재의 출산장려정책은 출산 장려의 본래 목적보다 복지정책의 소지가 큰 만큼[21] 그 지원정책을 과감하게 줄이고 정책집행을 일원화함으로써 누구나 출산장려정책을 동의하고 그 실효성이 발휘될 수 있도록 조정해야 한다. 따라서 정부는 출산장려정책을 그때그때 하나씩 수립하는 것보다 현재의 인구구조(인구의 연령별·지역별 분포)와 산업구조에 바탕을 둔 출산·보육·교육·의료 등을 종합적으로 감안한 계획을 설정해 지속적이고 일관성 있게 추진해야 한다.[22]

인구 교육의 강화

이 장 제1절에서 살펴본 출산의 전통적 이론은 오늘날의 관점에서 상당히 실효성을 잃었다. 예를 들어 우리나라의 젊은 남녀가 결혼과 자녀를 갖고자 할 때 자녀의 양과 질의 상충관계(Becker, 1960)를 고려하지 않으며, 자

---

[21] 보건복지부가 발간한 『2021년도 지방자치단체 출산 지원정책 사례집』(2022)에서는 지방자치단체가 실시하는 출산 지원정책이 2021년 기준 총 2,310개에 달한다고 밝히고 있다.
[22] 출산장려정책의 실효성은 정책의 '설정, 집행 및 조정'이 체계적으로 순환될 때 증진되는데, 이 점은 황진영(2023)이 설명하였다.

신들의 효용함수를 기반으로 지신들이 자녀의 질적인 측면(양육과 교육)을 희망하는 만큼 충족시킬 수 있을지에 따라 결정한다. 심지어 상당수의 젊은 남녀가 결혼이나 출산 그 자체를 받아들이려 하지 않는 현실을 감안할 때 자녀의 양과 질 논의는 의미가 없을 수 있다.

이러한 상황에서는 출산 및 양육지원과 같은 출산장려정책, 즉 젊은 남녀가 출산 의지가 있다는 전제에 기초한 정책의 효과는 제한적일 수밖에 없다. 또한 젊은 사람들이 노동자 수가 감소함에 따라 노동시장에서 경쟁이 약해져 임금이 상승하므로 출산을 증가시킬 수 있다는 Easterlin(1968)의 세대 간 상대소득모형은 오늘날의 현실 인식과 상당한 차이가 있으므로 받아들이기 어렵다. 이처럼 전통적 이론에 기반한 출산장려정책은 오늘날의 현실과는 다소 동떨어져 있어 그 실효성이 크게 나타나지 않는다.

우리 사회는 젊은 사람들이 희망하는 출산을 높이도록 인구정책에 대한 다양한 홍보와 교육을 강화해 가치관(인식)의 변화를 유도해야 한다. 즉 출산에 대한 근본적인 가치관을 바꿀 수 있는, 즉 희망하는 출산을 증가시킬 수 있는 교육이 현실적이면서도 장기적인 출산율 제고의 유효한 수단일 수 있다. 또한 학교나 가정에서는 출산에 대한 사회적 인식 변화를 유도하도록 교과 내용을 개편하고, 젊은 사람들이 자녀를 도구로서의 가치에서 정서적 가치로 인식을 전환하도록 유도해야 한다.

학교나 직장에서는 남녀 간의 의식 차이를 줄일 수 있도록 성평등 교육을 강화해야 하며, 출산이나 양육 부담이 여성에게만 전가되지 않고 가정과 사회가 공유한다는 사회문화의 여건 조성이 요구된다. 우리는 인구 교육의 강화를 통해 출산이 미래의 가장 강력한 사회 인프라를 구축하기 위한 조건이라는 사실을 사회 전체가 동의하고 받아들여야 한다. 즉 정부와 사회는 출산율 제고를 위해 어떤 형태로든 결혼, 임신 및 출산에 관한 교육을 강화하려는 노력이 요구된다.[23]

세대 간·남녀 간 사회적 갈등과 충돌의 완화

우리가 현재의 저출산 원인을 찾기 위해서는 새로운 접근방법이 요구된다. 많은 선행연구는 출산의 결정요인으로 경제사회적 여건 혹은 주어진 사회현상에만 집중하였다. 그러나 희망하는 출산은 인간의 가치관과 연결되므로 단순히 한두 가지 여건이나 제도의 변화로 가치관을 변경시키는 데 한계가 있다. 오늘날 많은 젊은 남녀는 개인주의적 성향, 세대 간·남녀 간·지역 간 등의 다양한 사회적 갈등과 충돌로 인해 결혼이나 출산을 꺼리는 가치관을 따르고 있다.

우리 사회는 전통적 가족 가치관이 약해지면서 독신, 비혼 및 미혼,[24] 이혼 및 별거 등으로 1인 가구가 증가하고, 이에 따른 세대 간 혹은 남녀 간의 갈등과 충돌이 증폭하고 있다. 이러한 가치관의 변화는 이기적인 자신들의 행동을 합리화하는 '내로남불'이란 신조어를 탄생시켰다. 사회적 갈등과 개인주인적 이기심은 사회자본(social capital)과 사회역량(social capacity)을 약화시키고, 출산과 육아를 개인의 문제로만 인식하게 유도한다. Doepke 등(2023)은 세대 간·남녀 간 갈등이 젊은 사람들에게 결혼을

---

[23] 정부나 사회가 결혼, 임신 및 출산에 관한 교육을 시행하는 몇몇 국가의 사례는 Harper 등 (2021)을 참고할 수 있다.
[24] 비혼은 결혼 자체를 선택하지 않는 것이며, 미혼은 결혼하고 싶으나 여건상 결혼을 하지 못한 상태이다.

꺼리게 하고 출산율을 떨어뜨리는 원인일 수 있다고 주장하였다. 따라서 다양한 형태의 교육을 통해 사회에 대한 개인의 책임을 강조하며 상호 간에 존중할 수 있는 합리적 문화를 만들어 갈 때 결혼과 출산은 자연히 증가할 수 있다.

제 5 장

인구 고령화와 경제성장

인 구 고령화는 개인적으로 고령자 자신들이 고독·역할상실·빈곤·질병 등으로 어려움을 겪게 하며, 경제사회적으로 의료비 증가·연금 고갈·노동력 감소·사회복지비 증가 등의 문제점들을 일으킨다. 이 장에서는 인구 고령화가 거시경제(특히 경제성장)에 미치는 영향을 중심으로 살펴본다. 제1절은 21세기 인구통계학 추세인 세계적인 인구 고령화 현상을 검토하고, 생존 연령의 확대 및 85세 이상의 인구와 중위연령의 증가가 야기할 사회현상을 논의한다. 제2절은 인구 고령화가 어떻게 거시경제 변수와 연관되는지 살펴보고, 특히 총공급과 총수요를 중심으로 인구 고령화가 경제성장에 미치는 영향에 관한 논의는 제3절에 나타나 있다. 제4절은 인구 고령화가 앞으로의 경제 전반에 미칠 영향을 소비지출, 산업구조 및 국가채무의 관점에서 설명한다. 제5절은 생산가능인구의 감소 시대에 우리가 대응할 방안들을 제시하고, 이들 방안을 실현하는 데 따른 현실적인 제약과 한계점을 살펴본다.

1 인구 고령화 : 21세기의 지배적인 인구통계학 추세

인구 고령화는 "전체 인구 대비 고령인구 비율이 점점 높아가는 현상"을 일컫는다. 국제연합(UN)은 "전체 인구 대비 65세 이상 인구비율"(고령인구비율)이 7% 이상인 국가를 고령화사회(aging society), 14% 이상인 국가를 고령사회(aged society) 및 20% 이상인 국가를 초고령사회(super-aged society)로 구분한다. 인구 고령화는 이미 제3장에서 살펴본 바와 같이 출산율과 사망률의 감소 및 생존 연령의 확대로 생겨난 현상이다.

🔄 세계적인 인구 고령화

인구 고령화는 21세기에 들어 지구상의 거의 모든 국가가 경험하는 지배적인 인구통계학 추세이다. 이러한 전 지구적 인구 고령화 추세는 출산율 감소와 생존 연령 확대에 따른 현상이다. 〈표 5-1〉은 국제연합(UN, 2024a)이 제공한 것으로 2023년 기준 세계에는 약 8억 명의 고령인구가 살아가고 있으며, 2050년 무렵에는 약 16억 명으로 두 배 더 늘어날 것으로 예상한다. 국제연합(UN, 2024b)은 65세 이상의 인구 중에서 65~69세, 70~79세, 80~89세 및 90세 이상의 비중이 2023년에는 각각 35.7%, 44.5%, 16.9%, 2.9%이지만, 2100년에는 이들 비중이 각각 22.5%, 38.6%, 28.3%, 10.6%로 변동하여 80대와 90대 이상의 비중이 확연히 높아질 것으로 전망한다.

인구 고령화는 현시점의 경제발전 정도와는 관계없이 대부분 국가에서 발생한다. 산업화된 국가에서는 이미 고령화가 급격히 진행되었음에도 저출산으로 인해 고령인구 비율이 2023년에 20.2%에서 2050년에 27.8%로 늘어날 것으로 전망된다. 특히 국제연합(UN, 2024a)은 〈표 5-1〉과 같이

표 5-1 경제발전 단계별 65세 이상 인구수와 인구비율

구분	2023년		2050년	
	인구수(천 명)	인구비율(%)	인구수(천 명)	인구비율(%)
산업화된 국가	258,311	20.2	351,500	27.8
개발도상국	506,841	9.0	1,132,877	17.4
저개발국	42,637	3.7	118,566	6.1

출처 : 국제연합(UN, 2024a)

2050년의 개발도상국과 저개발국의 고령인구 비율이 2023년 대비 거의 두 배 가까이 증가할 것으로 예상한다. 이처럼 인류 역사상 유례없는 인구 고령화는 세계의 모든 지역에서 발생하고 있을 뿐만 아니라 인간 삶의 모든 영역에 중대한 영향을 미치며, 그 영향이 앞으로도 지속할 것으로 예상되는 현상이다.

🔊 생존 연령의 확대

인구 고령화의 정도는 출산율과 사망률 및 생존 연령의 변천으로 결정된다. 세계의 출산율과 사망률 감소 추이는 제3장에서 검토하였으므로, 여기에서는 세계의 생존 연령 추이를 살펴본다. 〈그림 5-1〉은 1960년 이후 전 세계 국가를 대상으로 출생 시 기대여명(생존 연령), 즉 "출생아가 향후 생존할 것으로 기대되는 평균 생존 나이(세)"의 추세를 나타내며, 이는 세계은행(World bank)이 제공한 자료를 이용해 작성되었다.

〈그림 5-1〉은 세계의 평균 생존 연령이 1960년에 약 50.9세이었으며, 이후 꾸준히 상승해 2022년에 약 72.0세로 늘어났음을 보여준다. 2019년 세계의 평균 생존 연령은 약 73.0세이었는데, 2020년과 2021년에 감소하다가 2022년에 다시 증가하였다. 이러한 등락은 2019년 말부터 전 세계에 닥친 코로나바이러스 감염증-19(COVID-19)의 영향을 반영한다. 이처럼 생존 연령의 꾸준한 증가는 이미 언급한 바와 같이 소득수준의 향상, 의료의 발전과 치료의 확대 등에 기인한다.

우리나라의 생존 연령과 고령인구 비율도 꾸준히 증가하였다. 우리는

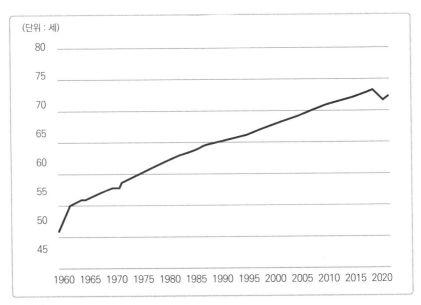

(단위 : 세)

그림 5-1 세계의 출생 시 기대여명 추세
자료 : 세계은행, 세계개발지표(WDI)

제3장에서 우리나라의 출생 시 기대여명과 고령인구 비율의 변천을 살펴
보았다.[1] 즉 출생 시 기대여명은 1960년에 55.4세에서 5년 단위로 약 1
~4세가 늘어나 2020년에 83.4세로 증가하다가 2022년에 82.7세로 소
폭 감소하였다. 이상의 자료는 우리나라의 출생 시 기대여명이 평균적으
로 매년 약 0.44세 증가하였음을 나타낸다. 또한 우리나라의 고령인구 비
율이 1960년에 2.9%에서 1980년대 후반까지는 소폭 상승하다가, 1990
년 이후 급격히 증가해 1995년에 5.9%, 2000년에 7.0%(고령화사회 진입),

---

[1] 1960년 이후 우리나라의 출생 시 기대여명과 고령인구 비율 추이는 〈표 3-6〉과 〈그림 3-4〉에
나타나 있다.

2005년에 8.9%, 2015년에 13.1%, 2017년에 14.2%(고령사회 진입), 2023년에 19.0%까지 늘어났다. 통계청은 2025년의 고령인구 비율이 20.3%에 도달해 우리나라가 조만간 초고령사회로 진입할 것으로 예상한다.

🔲 85세 이상 인구와 중위연령의 증가

이처럼 전 세계적인 인구통계학 추세인 인구 고령화는 향후 85세 이상의 인구수를 빠르게 증가시킬 것이며, 중위연령을 급격히 상승시켜 더 많은 경제사회적 문제를 야기할 것으로 예상된다. Bloom(2020)은 지구상에 살아가는 85세 이상의 고령자 수가 2100년 이전에 5억 명을 넘어설 것으로 전망하였다.

또한 통계청은 2023년 기준 우리나라의 85세 이상 인구수가 978,112명으로 전체 인구의 약 1.89%이지만, 2050년에는 약 428만 명으로 증가해 전체 인구의 약 9.09%에 달할 것으로 추계한다. 이에 따라 우리나라의 중위연령은 2050년에 50세를 훨씬 넘어 60세에 가까울 것으로 추산된다. 일부 학자들은 오늘날 많은 국가에서 저출산, 85세 이상 인구의 증가(장수인구의 증가), 인구 감소 등을 특징으로 하는 제2의 인구학적 천이 과정을 경험하고 있다고 주장하였다(박은태·전광희 역, Jean-Claude Chesnais 저, 2017).

우리는 오늘날 관점의 인구 고령화를 넘어서는 초고령화, 즉 85세 이상 인구의 증가와 중위연령의 상승은 경제사회적으로 큰 변화와 도전을 요구할 것으로 쉽게 예상할 수 있다. 왜냐하면 85세 이상 인구의 요구와 역량이 65~84세 인구의 경우와는 상당히 다른 경향을 나타낼 것으로 예상되기 때문이다. 즉 생존 연령의 증가는 개인적으로 만성 질환의 발병으로 인한 삶의 질 저하는 물론 경제적 스트레스를 유발하고, 사회적으로 연금 부담의 증가와 건강 및 장기 요양 비용의 증가 등으로 인해 정부의 재정 압박을 가중시킨다. 수명 연장이 개인의 허약한 삶과 어느 정도 연관되어 있는지 파악하는 일은 전 세계의 공공 및 민간 정책입안자들이 직면한 문제 중 하나이다.

또한 중위연령의 상승은 학령인구를 감소시켜 교육의 효율성을 급격히 떨어뜨리며, 이에 따라 노동집약적인 산업이 취약해지므로 산업구조 전반의 조정을 요구한다. 이는 미래에 대한 불확실성을 증폭시켜 현재와 같은 인구 고령화 문제에 대응하기 위한 제도나 정책으로는 해결되지 않은 새로운 심각한 위기를 유발할 수 있다. 현시점의 가장 시급한 과제는 인구 고령화에 따른 경제적 부담을 완화해야 하며, 재정의 지속가능성과 함께 교육, 건강 및 연금 관련 재정의 세대 간 형평성을 촉진하기 위한 정책과 제도의 개혁이다. 또한 우리는 다양한 출산장려정책과 함께 퇴직 연령을 법으로 높이거나 이민자에 대한 제도적·경제적 장벽을 완화하는 등의 노동력 부족 현상을 줄이기 위한 다양한 노력을 기울여야 있다.

인구 고령화에 대처하기 위한 또 다른 방안은 인구 고령화와 관련된 분야(부문)에 기술혁신을 유도하기 위한 집중적 투자이다. 예를 들어 우리는 혁신적인 신약의 개발과 로봇과 같은 보조 장치의 발명으로 노화 과정을 늦추고, 사람들의 삶에 건강한 수명 연장을 위한 투자를 최종적인 목표로 설정할 수 있다. 건강 관리 시스템이 사회 전체적으로 작동하게 만들어야 하며, 고령인구가 사회활동을 줄일 수 있도록 교통·산업 등의 분야에서 제도적 혁신이 요구된다. 또한 우리는 경제적 관점에서 고령인구 친화적인 노동시장·금융시장 등을 만들기 위한 노력을 가속해야 한다. 이하에서는 인구 고령화가 어떻게 거시경제 변수와 관련되며, 경제성장에 영향을 미치는지 살펴본다.

2 인구 고령화와 거시경제

1950년대 Franco Modigliani(1918~2003)와[2] 몇몇 그의 동료와 학생들은 가계(개인)가 현재 소득과 함께 장래에 예상되는 미래 소득을 고려해 소비수준을 결정한다는 생애주기모형(life-cycle model)을 제시하였다. 생애주기모형은 가계의 소득, 소비 및 저축을 다기간으로 확장하며, 거시적 관점에서는 사람들이 세대 간 이전지출을 통해 생애 각 시점에서 필요한 만큼 소비할 수 있다는 것을 의미한다. 즉 생산가능인구가 양(+)의 저축을 형성하며, 유소년 인구와 고령인구는 음(-)의 저축을 통해 소비한다.

ⓔ 제도나 정책 효과

인구 고령화는 인구구조의 변동을 수반하므로 거시경제 전반에 영향을 미친다. 왜냐하면 연령별 생산활동의 차이가 소비·저축·생산성 등의 경제 전반에 영향을 미치기 때문이다. 만약 연령별 개개인의 경제활동 패턴이

---

[2] Franco Modigliani는 이탈리아 출신으로 기업의 재무구조와 금융경제학 분야에 대한 공헌으로 1985년에 노벨 경제학상을 수상하였다.

변하지 않고 일정하다면, 인구 고령화는 경제 전체의 소비나 저축을 떨어뜨린다. 즉 고령인구는 경제 내에서 생산활동이 줄어들므로, 인구 고령화는 거시경제 전체의 소비와 저축을 감소시킨다.

그러나 우리는 인구 고령화의 영향이 모든 국가나 지역에서 동일하게 발생하지 않는다는 사실을 인식해야 한다. 즉 인구 고령화가 생산활동·소비·저축 등 거시경제 전반에 미치는 영향은 각 국가의 은퇴 정책·사회복지제도·노동시장의 효율성 등에 따라 다르게 나타난다. 이는 고령인구와 관련된 제도나 정책이 상대적으로 발전한 국가일수록 인구 고령화에 따른 소비 위축 효과가 상대적으로 적을 수 있음을 시사한다.

만약 개개인의 경제행위가 인구구조의 변동으로 인해 변화가 생긴다면, 인구 고령화가 거시경제에 미치는 효과가 이상과는 다르게 전개될 수 있다. 예를 들어 사람들이 출생 시 기대여명이 증가할 것으로 예상할 때는 은퇴 후 늘어날 생활을 위해 저축을 증가시키므로 생산가능인구의 소비가 줄어들 수 있다. 그러나 은퇴연령이 늦어져 사람들이 오랜 기간 경제활동에 참여할 수 있으며, 이에 따라 사람들이 은퇴 후 생활 기간을 유사하게 예상할 때는 소비나 저축에 큰 영향을 미치지 않을 수 있다. 따라서 인구 고령화가 거시경제에 미치는 영향은 제도·정책 등을 어떻게 조정해 나가느냐에 따라 그 결과가 달라진다.[3]

또한 생산가능인구의 감소는 조세수입을 감소시키며, 고령층 인구의 증가는 사회복지나 연금 수요를 증가시켜 거시경제 전반에 영향을 미친다.

---

3) 이상의 내용은 안병권 외 2인(2017)을 참고하였다.

왜냐하면 조세수입의 감소와 사회복지 지출의 증가는 정부의 재정건전성 (fiscal consolidation)을[4] 악화시키고 개인의 근로 의욕에 부정적인 영향을 미칠 가능성이 크기 때문이다. 이러한 재정수입과 사회복지 지출의 변동도 조세제도·퇴직 연령·연금제도 등의 조정을 통해 거시경제에 미치는 영향이 달라질 수 있다. 인구 고령화가 개인의 생애 단계별 소비나 저축 행위 및 제도와 정책을 통해 거시경제에 미치는 영향을 도해하면 〈그림 5-2〉와 같다.

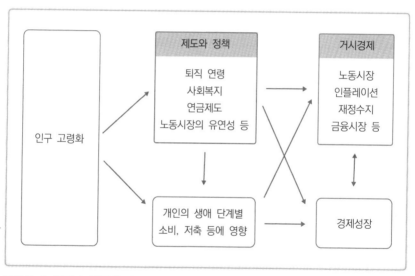

그림 5-2 인구 고령화와 경제성장 간의 전달경로

---

[4] 재정건전성은 "재정의 지속가능성, 즉 정부가 채무불이행 없이 재정수지를 균형으로 회복할 수 있는 능력"을 의미한다.

📗 노동시장

현재 진행 중인 인구 고령화는 '다른 모든 조건이 일정할 때' 노동의 양 증가와 질 개선에 부정적인 영향을 미친다. 고령인구의 증가는 생산가능 인구를 감소시킬 뿐 아니라 이를 보완하기 위해 법으로 퇴직 연령을 높일 지라도 노동공급 능력을 떨어뜨린다. 왜냐하면 사람들은 퇴직 연령에 가까워질수록 육체적 활동력이 현저히 감소하기 때문이다. 또한 노동자들은 공적 연금제도가 발달할수록 은퇴를 앞당길 가능성이 커진다. 이는 공적 연금제도·사회복지 등과 관련된 정책을 설정할 때 고령인구의 노동시장 참여를 고려해서 한다는 시사점을 제공한다.

그러나 인구 고령화에 따른 노동공급 감소는 여성의 경제활동 참여 증가와 이민자의 유입 등을 통해 대체할 수 있다. 특히 여성이 출산율 감소로 인해 육아로부터 자유로워지면서 노동공급을 증가시킬 수 있다. 따라서 인구 고령화로 인한 노동력 감소는 상당히 많은 영역의 제도나 정책 변동으로 경제활동 참여율이나 노동시간 등에 영향을 미쳐 상당 기간 노동력 감소를 제한할 수 있다.

📗 인플레이션

생애주기모형은 고령인구가 퇴직 이후 자신들의 부나 자산을 이용해 소비하는 것으로 제시한다. 이는 고령인구의 증가가 경제 전체의 총생산 대비 총수요를 상대적으로 크게 만들어 수요견인 인플레이션(demand-pull inflation)을 상승시키려는 압력으로 작용할 수 있음을 시사한다. 또한 고령인구의 증가는 경제 전체의 노동공급이 줄어들게 하므로 노동의 한계생산성이 증가하는 비용상승 인플레이션(cost-push inflation)을 발생시킬 수 있다.

그러나 인구 고령화는 노동생산성 하락과 인적자본 감소를 초래해 디플레이션의 압력으로도 작용할 수 있다. 즉 고령자의 은퇴는 숙련 노동자에 체화된 인적자본을 잃게 만들어 노동생산성을 하락시키며, 이는 전반적인 실질임금을 떨어뜨리는 인플레이션의 하방 압력을 유도한다. 이러한 주장은 오랜 기간 일본의 장기침체와 디플레이션이 인구 고령화로 생산가능인구가 감소한 시기와 일치한다는 경험적 사실에 근거를 둔다. 또한 해외 금융자산에 대한 투자 비중이 큰 국가에서는 고령인구가 해외저축을 거두어들임으로써 실질환율을 절상시키는데, 이는 인플레이션의 하락 요인으로 작용한다.[5]

또한 일련의 정치경제학 문헌에서는 고령인구가 증가할수록 그들의 정치적 영향력이 커져서 그들이 유리한 재정정책과 통화정책이 선택되도록 정치적 압력을 행사할 수 있다고 주장하였다.[6] 즉 고령인구는 대체로 그들이 축적한 자산이나 부 혹은 연금으로 생활하므로 높은 인플레이션을 희망하지 않는다. 고령인구는 국가 재정의 확보 방안으로 국가채무의 증가보다 소득에 대한 증세를 선호하며, 증세는 경제 전반의 소비를 위축시키므로 낮은 인플레이션을 유도한다. 또한 고령인구는 중앙은행이 더욱 적극적인 물가안정을 위한 통화정책을 운용하도록 정치적 압력을 행사한다. 따라서 고령인구의 증가는 높은 인플레이션과 일부 연계되지만, 대체로

---

[5] 이러한 주장은 Anderson 등(2014), Shirakawa(2012) 등이 제시하였다.
[6] 다양한 선행연구는 고령층 인구의 정치 참여 증대를 검토하였다(김선업, 2014; Goerres, 2009).

낮은 인플레이션을 유발하는 압력으로 삭용한다.

⑤ 재정수지

인구 고령화는 재정의 수입 및 지출 구조에 직접적인 변화를 초래한다. 고령인구의 증가가 조세수입에 미치는 영향은 조세 항목에 따라 달라질 수 있다. 예를 들어 소득 과세는 가장 큰 세원인 근로소득세가 생산가능인구의 감소로 줄어들 것이며, 법인세는 산업구조가 어떻게 재편되느냐에 따라 변동하게 된다. 또한 인구 고령화는 경제 전체의 소비성향을 상승시키므로 부가가치세가 늘어나도록 유도한다. 고령인구는 젊은 사람들보다 부동산 및 금융자산을 장기간 보유하므로 보유세 수입은 증가하겠지만, 이에 상응하여 거래세는 제한적일 것으로 예상된다.[7]

재정지출은 공적 연금·건강보험·사회복지 등 고령인구와 관련된 지출이 늘어나며, 사회간접자본(SOC)·교육·주택 등에 대한 지출은 상대적으로 줄어들 수 있다. 만약 우리가 연금제도와 같이 노후 소득을 보장하는 제도를 시행할 때 부담의 형평성이나 지급액의 적정성을 확보하지 못한다면, 미래 세대가 가중한 조세부담을 갖게 되므로 장기적인 재정 불안을 초래할 수 있다. 또한 고령인구의 증가는 노동력을 상대적으로 많이 필요로 하는 농림어업이나 건설업 비중을 감소시키고, 도소매·음식 숙박업·기타 서비스업의 비중을 증가시킬 것으로 예상되므로 산업별 재정지출 수요를 변

---

[7] 인구 고령화가 조세수입에 미치는 영향에 관한 분석은 박형수·홍승현(2011)이 구체적으로 제시하였다.

동시키는 요인이 된다.

⑤ 금융시장

인구 고령화는 금융시장 발전의 필요성을 증대시킨다. 왜냐하면 고령인구의 증가는 금융자산 중에서 주식과 채권의 보유량을 결정하는 포트폴리오(portfolio) 구성에 영향을 미치기 때문이다. 고령자는 안전자산에 대한 선호도가 크므로 인구 고령화는 주식에서 채권으로의 대대적인 포트폴리오 재배분을 발생시킨다. 즉 고령인구가 증가함에 따라 총자산 대비 비금융자산의 비율이 감소하고 금융자산의 비율은 증가하며, 총금융자산 중에서 주식 등의 위험자산에 투자하는 비율이 상대적으로 줄어든다. 또한 고령자는 만기가 길수록 위험(risk)을 크게 갖기 때문에 위험이 적은 단기 국공채를 선호한다.

고령인구의 증가는 경제 전체적으로 근로소득에 대한 의존도를 줄이고 금융자산의 수요를 증가시킨다. 고령자는 차별화된 금융 서비스에 대한 수요를 증가시키므로, 여러 종류의 공적·사적 저축 제도의 중요성이 인구 고령화가 심화할수록 커질 수밖에 없다. 금융시장이 소비자의 선호를 반영하는 연금형 상품(annuity) 등 새로운 금융 상품을 개발함으로써 가계의 미래 소득에 대한 불확실성을 해소할 수 있는 장치를 마련해야 한다. 이처럼 인구 고령화는 다양한 이유로 금융시장 발전의 필요성을 증대시킨다.

따라서 인구 고령화는 〈그림 5-2〉에서와 같이 개인의 소비·저축 등의 행위 및 제도와 정책 변동을 통해 거시경제의 전반에 영향을 미친다. 비록

이 절에서 제시한 거시경제 전반의 영향이 경제성장을 결정하는 요인들이지만, 다음 절에서는 인구 고령화가 경제성장에 직접적으로 영향을 미치는 내용(변수)들을 살펴본다. 즉 인구 고령화는 저축률 하락, 인적자본과 물적자본의 축적 저하, 노동생산성 둔화 등과 같이 질적·양적 생산요소를 줄어들게 만들어 경제성장에 부정적인 영향을 미친다.

3 인구 고령화와 경제성장

인구 고령화는 저출산과 생존 연령의 확대로 생겨나는 현상으로 생산가능인구를 감소시켜 총공급과 총수요를 제약하므로 경제성장에 부정적으로 작용한다. 그러나 고령화가 어떤 방식으로(혹은 어떤 시점에서) 진행되는지에 따라 경제성장에 미치는 영향이 다를 수 있다. 즉 인구 고령화가 생존 연령이 낮고 사망률이 높은 개발도상국에서 사망률이 줄어드는 형태로 진행될 때는 투자와 경제성장을 동반 상승시킨다. 그러나 인구 고령화가 생존 연령이 높고 사망률이 낮은 산업화된 국가에서 저출산으로 인해 가속화될 때는 투자와 국민소득을 감소시킨다.

이러한 현상은 제1장에서 살펴본 인구배당 효과와 관련되며, 인구학적 천이에 따른 인구배당 효과가 끝난 국가에서는 인구 고령화가 경제성장에 대체로 부정적 영향을 미친다. 예를 들어 국회예산정책처(2021)는 OECD 국가를 대상으로 한 실증분석을 통해 전체 인구 대비 고령인구 비율이 1% 포인터 상승하고 30~64세의 인구비율이 1% 포인터 하락할 때 경제성장률이 연평균 0.38% 포인터 하락한다고 분석하였다. 여기에서는 인구 고령화가 경제성장에 미치는 부정적 영향을 총공급과 총수요·저축률·교육투자·재원 배분의 세대 간 경쟁의 관점에서 살펴본다.

🔒 총공급과 총수요

인구 고령화는 총공급의 관점에서 생산가능인구를 감소시켜 노동공급을 제약하고, 부양인구를 증가시켜 투자할 수 있는 가용자금을 위축시키므로 경제성장에 부정적으로 작용한다. 특정 산업(기업)이 노동과 자본을 생산과정에서 보완적으로 사용해야 한다면, 노동공급의 감소가 물적자본의 생산성을 떨어뜨려 기업의 투자 유인을 감소시킬 수 있다. 그러나 노동과 자본이 생산과정에서 대체할 수 있는 산업(기업)에서는 물적자본을 늘려 노동공급의 감소를 대체할 수 있으며, 이는 자본집약적 혹은 기술집약적 산업의 발전을 유도한다.[8]

또한 인구 고령화는 경제의 총수요를 결정하는 요인으로 작용한다. 우리는 생산가능인구의 감소가 총저축을 감소시켜 투자수요를 위축할 것으로 예상할 수 있다. 비록 인구 고령화는 예비적 동기에 의한 저축을 증가시킬 수 있지만, 이러한 증가분은 생산가능인구 감소에 따른 저축의 감소분보다 상당히 작은 수준이다. 앞 절에서 소개한 Franco Modigliani의 생애주기 모형은 부양인구의 증가가 소득의 창출 없이 소비를 증가시키므로 총저축이 감소한다고 제시한다. 따라서 총저축의 감소는 투자를 위축시키고 경상수지를 악화시켜 총수요가 줄어들게 만든다.

---

[8] 이상의 내용은 제2장에서도 설명하였다.

인구 고령화가 가속화될수록 계획하지 않은(accidental) 상속을 감소시키므로 물적자본 축적에 음(-)의 영향을 미칠 수 있다. 노후를 대비한 연금이나 저축은 직장을 은퇴한 이후 받게 될 혜택이지만, 불행히도 은퇴 이전에 사망할 때는 이상의 자산이 후손들에게 상속된다. 후손들은 이러한 상속을 투자의 재원으로 활용할 수 있으므로 부모 세대의 계획하지 않은 상속이 많아질수록 물적자본 축적이 증가하는 경향이 있다. 이는 부모 세대의 계획하지 않은 상속과 자녀 세대의 물적자본 투자 간에는 양(+)의 관계를 형성한다는 실증자료에 근거하며, 물적자본 투자의 감소는 경제성장에 음(-)의 영향을 미친다. Feldstein(1990)은 연금시장에 존재하는 역선택 문제로 인해 연금보험(annuity insurance)이 적정수준보다 낮은 수준일 때는 계획하지 않은 상속 감소가 물적자본의 투자에 미치는 부정적 효과가 더 크게 작용한다고 주장하였다.

또한 고령자들의 소비성향은 젊은 사람들의 경우보다 낮아서 인구 고령화는 전체 소비지출을 감소시킬 수 있다. 정동재(2022)는 1996~2016년의 우리나라 자료를 이용해 인구 고령화가 가계소비를 연평균 약 0.9% 정도 감소시킨 것으로 추정하였다. 또한 생산가능인구 감소는 세수를 제약하므로 재정지출의 재원이 줄어든다. 이처럼 세수가 줄어드는 상황에서 정부가 고령인구의 복지지출을 계속해서 증가한다면, 재정수지 악화는 심화할 수밖에 없다. 재정수지 악화는 경제에 대한 정부의 기능을 제대로 수행하는 데 요구되는 재정지출의 크기를 제약한다. 따라서 인구 고령화는 소비·투자·정부지출·순수출의 총수요 요인들을 대체로 감소시켜 경제성장에 부정적으로 작용한다.

이처럼 인구 고령화는 대체로 총공급과 총수요를 동시에 감소시켜 경제성장에 음(-)의 영향을 미친다. 또한 인구 고령화는 우리가 생각하는 이상으로 다양한 경제변수와 관련되며,[9] 이들 전달경로를 통해 간접적으로 경제성장을 결정하는 요인으로 작용한다. 여기에서는 인구 고령화와 경제성장 간의 전달경로로서 가장 널리 알려진 저축률, 교육투자 및 재원 배분의 세대 간 경쟁이 인구 고령화와 어떻게 관련되며, 인구 고령화가 이들 경제변수를 통해 어떻게 경제성장에 영향을 미치는지 제시한다.

💿 저축률

이미 생애주기가설에서 살펴본 바와 같이 인구 고령화가 진전된 사회에서는 생산가능인구 대비 부양인구 비율의 증가로 인해 동일한 소득수준에서 소비지출을 증가시켜야 하므로 총저축률이 감소한다. 즉 인구 고령화는 생산가능인구 감소로 저축이 줄어들 뿐 아니라 은퇴한 사람들의 저축이 시간이 흐를수록 감소하므로 총저축의 감소를 동반한다(Auerbach과 Kotlikoff, 1992; Horioka, 1997). 이러한 총저축의 감소는 투자를 위한 가용 재원을 축소해 경제성장을 위축시킨다.[10]

그러나 Zhang 등(2003)은 개인이 자신의 저축으로 노후 생존에 필요한 자원을 마련하는 개인의 생애주기를 상정할 때는 생존 연령이 증가할수록 개인의 저축률이 증가할 수 있다고 주장하였다. 왜냐하면 사람들은 생존

---

[9] 우리는 이 장 제2절에서 인구 고령화가 중요한 거시경제 변수에 미치는 영향을 살펴보았다.
[10] 저축률의 증가는 제2장에서 소개한 일련의 경제성장 모형에서 경제성장을 유도하는 중요한 요인이다.

언령이 증가할수록 미래의 불확실성을 대비하기 위한 예비적 동기에 의한 저축을 증가시키기 때문이다. 이러한 견해는 연금시장이나 금융시장의 불완전성이 심한 국가나 사회에서 더욱 두드러진다. 그러나 대부분 선행연구는 개인의 예비적 동기에 의한 저축의 증가분이 생산가능인구 감소로 인한 저축의 감소분보다 적기 때문에 인구 고령화는 민간의 총저축을 감소시킨다고 전제한다.

실증연구는 고령층 인구의 증가가 저축률에 대체로 부정적 영향을 미치는 것으로 관측하였다. 예를 들어 Kelley(1988)는 80여 국가 간 자료를 이용해 고령층 인구비율의 증가가 "GDP 대비 총저축 비율(%)"에 통계적으로 유의한 음(-)의 영향을 미치는 것으로 추정하였다. 또한 Horioka(1997)는 1955~93년의 일본 자료를 이용해 부양비율과 가계의 저축률 간에는 장기적인 음의 관계가 성립한다고 제시하였다. 우리나라의 자료를 이용한 선행연구에서도 인구 고령화와 저축률 간에는 음의 관계가 성립하는 것으로 확인하였다(곽승영, 2004; 최공필·남재현, 2005).

🔳 교육투자

인구 고령화가 교육투자에 미치는 영향에 관한 선행연구의 결과는 불명확하다. Poterba(1997)는 1960~90년의 미국 주(state) 자료를 이용해 인구 고령화와 초등교육기관 및 중등교육기관에 대한 정부의 교육비 지출 간에는 음(-)의 관계가 성립한다고 추정하였다. 그러나 Börsch-Supan(2003)은 인구 고령화가 생산가능인구 감소를 상쇄할 만큼 생산성 향상을 위해 인적자본에 대한 투자를 증가시킬 수 있다고 주장하였다. 이는 인구 고령화가 심한 사회에서는 교육투자를 증가시켜 더 많은 자원을 창출하려 노력할 수 있음을 의미한다. 또한 사람들은 생존 연령이 증가할수록 교육투자를 통한 수익이 증가하므로 사람들이 교육투자와 인적자본의 축적에 더 능동적일 수 있다.

Zhang 등(2003)은 인구 고령화가 정부의 교육비 지출에 미치는 영향이 경제발전 정도에 따라 역U자 형태로 나타날 수 있다고 제시하였다. 경제개발 초기 단계의 국가에서는 사망률이 높은 수준에서 감소하면서 인구 고령화가 진행된다. 이 단계에서는 중위투표자가 교육비 지출의 수혜 계층으로 교육비 지출을 증가하기 위한 조세의 인상을 선호한다. 그러나 생존 연령이 어떤 임계값을 넘어선 경제발전의 후기 단계, 즉 중위투표자가 교육 혜택을 받을 나이를 넘어선 단계의 국가에서는 그들이 조세의 인하와 교육비 지출의 감소를 유도하려 노력한다. 이상의 논의는 인구 고령화가 임계점을 지나 진전될수록 정부의 교육비 지출이 줄어들 수 있음을 시사한다.

우리는 앞 장에서 저출산이 교육의 질을 높이는 데 영향을 미칠 수 있음을 살펴보았다. 이는 인구 고령화가 저출산으로 인해 가속화되므로 교육의 질이 관련될 수 있음을 시사한다. 황진영 외 2인(2008)은 국가 간 자료를 이용해 고령인구 비율이 교육의 질을 나타내는 두 변수, 즉 ① 국제시험결과와 ② 해당 국가에서 1년을 더 교육받을 때 미국 노동시장에서 발생하는 수입의 변화분에[11] 통계적으로 유의한 양(+)의 영향을 미친다고 관측

---

11) 우리는 제2장에서 교육의 질을 반영하는 변수들을 검토하였다.

하였다. 따라서 인구 고령화가 효율적인 교육시스템과 교육의 질을 개선하기 위한 제도적 보완 장치를 마련하는 계기가 되어 교육의 질을 크게 개선할 때는 생산가능인구 감소가 경제성장에 미치는 부정적 효과를 상쇄할 가능성이 있다.

재원 배분의 세대 간 경쟁

마지막으로 인구 고령화는 정부의 재원 배분을 결정할 때 세대 간 경쟁(intergenerational competition)을 일으키는 사회적 부담(비용)을 증가시킨다. 예를 들어 유소년 인구와 경제활동인구는 많은 재정을 교육·주택 등의 부문에 사용하기를 희망하지만, 고령인구는 많은 재정을 건강·사회복지 등의 부문에 지출하기를 선호한다. 이러한 재정지출의 세대 간 갈등은 상대적으로 효율성이 낮은 부문에 재정이 사용되는 재원 배분의 왜곡을 창출할 수 있다.

또한 인구 고령화는 조세수입이 줄어들게 하며 연금이나 사회보장 등의 부문에 재정지출을 증가시켜 재정수지를 악화시키므로 시장에 대한 정부의 적절한 역할을 제약한다. 예를 들어 국회예산정책처(2020)는 인구 고령화로 인해 사회보장기금의 적자 폭이 확대되는데, GDP 대비 통합재정수지가[12] 2020년에 5.7% 적자에서 2070년에 10.9% 적자까지 확대될 것으로 전망하였다. 이처럼 재원 배분의 세대 간 경쟁과 재정수지의 악화는 효

---

[12] 통합재정수지는 "중앙정부와 지방정부(교육지방자치단체 포함)의 수입 합계에서 지출 및 순융자 합계를 뺀 금액"을 일컫는다.

율적인 투자지출을 감소시키므로 경제성장에 부정적으로 작용한다.

그러나 우리가 연금제도를 합리적으로 개선할 수 있다면, 연금을 이용한 경제성장 효과를 창출할 수 있다. 예를 들어 연금기금 적립을 통한 장기 저축이 효과적으로 금융시장과 실물경제에 연결될 때는 이를 효율적인 투자 재원으로 활용할 수 있으므로 경제성장에 기여한다. 비록 건강·사회복지 부문의 재정지출이 근로 의욕이나 투자 의욕을 떨어뜨려 경제성장에 음(-)의 영향을 미치는 것으로 알려져 있지만, 이러한 공공재 성격의 사회자본 증대는 사회 안전망을 확충하고 사회통합에 기여함으로써 안정적인 경제성장에 기여할 수 있다.

이처럼 인구 고령화는 총공급과 총수요에 부정적 영향을 미치며, 저축률 하락, 물적자본의 축적 저하, 재정지출의 비효율성 등을 통해 경제성장에 대체로 부정적으로 작용한다. 그러나 우리는 인적자본의 질적 개선을 통해 노동생산성을 개선하고, 세대·지역·성별·계층 간의 사회적 갈등과 충돌을 슬기롭게 조정하며, 재정을 통한 사회통합을 실현함으로써 사회자본과 사회역량을 증가시키고 경제 내의 불확실성을 줄여나간다면, 인구고령화가 경제성장 둔화에 미치는 효과를 충분히 상쇄할 수 있을 것으로 기대할 수 있다.

4 고령화의 미래

지금까지 살펴본 바와 같이 인구 고령화는 경제성장은 물론 앞으로의 경제 전반에 큰 변화를 유발한다. 따라서 인구 고령화가 야기할 경제 전반의 변화에 대한 예측은 미래를 준비해야 하는 우리에게 주어진 중요한 과제이다. 비록 인구 고령화가 초래할 사회 변화와 이에 대한 대처방안을 이 책의 여러 군데에서 제시하였지만. 앞으로 닥쳐올 초고령화는 인류 역사상 처음 경험하는 사회현상이므로, 모든 분야(부문)에서 생겨날 미래의 변화를 정확히 전망하고 대비하는 것 자체가 불가능할 수 있다. 따라서 이 절에서는 인구 고령화가 소비지출의 크기와 구성, 산업구조의 변동 및 국가채무의 증가에 미칠 영향에 국한해 살펴본다.

5 소비지출의 크기와 구성

선행연구는 인구 고령화가 경제 전체의 소비지출 크기에 미치는 영향을 실증적으로 분석하였다. 예를 들어 Estrada 등(2011)은 1998~2007년의 31개 아시아 개발도상국을 대상으로 인구 고령화가 경제 전체의 소비지출에 음(-)의 영향을 미치지만, 통계적 유의성은 관측되지 않는 것으로 분석하였다.[13] 정욱영 외 2인(2021)은 1990~2010년의 우리나라 분기 자료를 이용하여 인구 고령화의 소비 탄력성이 음(-)의 값을 갖는다고 추정하였으며, 그 탄력성의 크기는 고령화가 가속할수록 증가한다고 주장하였다.

　따라서 우리는 인구 고령화가 점진적으로 이루어지는 상황에서 고령화가 단기의 소비지출 크기에 미치는 영향은 제한적이지만, 고령화가 임계점을 지나고 나면 소비지출의 크기에 통계적으로 유의한 음(-)의 영향을 미칠 것으로 예상할 수 있다. 혹은 인구 고령화가 진행되는 과정에서는 인

---

13) 이종화·황진영(2023)은 OECD 37개 국가로 구성된 표본을 사용해 유사한 결과를 도출하였다.

구 고령화가 소비지출의 크기에 미치는 직접적인 영향보다 소득수준과 같은 다른 경제변수들을 통해 미치는 간접적인 영향이 클 수 있다.

한편 인구 고령화가 소비지출의 구성에 미치는 영향을 분석한 선행연구는 제한적으로 이루어졌다. 젊은 사람들과 고령인구 간의 소비성향은 재정지출의 세대 간 경쟁에서 살펴본 바와 같이 다를 수 있으므로 인구 고령화는 소비지출의 구성에 영향을 미친다. 이종하·황진영(2023)은 2009~20년의 OECD 37개 국가 간 자료를 이용해 인구 고령화가 소비지출의 구성에 미치는 영향을 추정하였는데, 그 추정결과의 요약은 〈표 5-2〉와 같다.

인구 고령화가 식료품 및 비주류 음료·주류 및 담배·주택, 수도 및 광열·보건 등과 관련된 상품이나 서비스의 소비지출을 증가시키지만, 젊은 사람들의 수요가 큰 교육·통신이나 유행에 민감한 의류 및 신발·가사용품 및 가사서비스·오락 및 문화 등의 상품이나 서비스의 소비지출에는 부정적 영향을 미친다. 또한 〈표 5-2〉는 인구 고령화가 음식 및 숙박·기타 상

표 5-2 인구 고령화가 소비지출의 구성에 미치는 영향

통계적으로 유의한 양(+)의 영향	통계적으로 유의한 음(-)의 영향	통계적으로 유의하지 않은 영향
식료품 및 비주류 음료 주류 및 담배 주택, 수도 및 광열 보건	의류 및 신발 가정용품 및 가사서비스 교통 통신 오락 및 문화 교육	음식 및 숙박 기타 상품 및 서비스

출처 : 이종하·황진영(2023)

품 및 서비스에 대한 소비지출에는 통계적으로 유의한 영향을 미치지 않는 것으로 제시한다.[14]

우리는 인구 고령화가 소비지출의 구성에 미치는 영향에 대한 분석 결과를 앞으로의 소비자의 선호(수요의 변동)와 산업구조의 변화를 예상하는 데 사용할 수 있으며, 재정지출의 구성이나 경제정책을 수립하기 위한 기초자료로도 활용할 수 있다. 다시 말해 〈표 5-2〉의 결과는 생애주기모형에 기초해 앞으로의 고령층 인구의 소비지출과 젊은 사람들의 저축 행위 간의 조화를 어떻게 형성해야 하는지에 대한 시사점을 제공한다. 즉 인구 고령화는 특정 상품이나 서비스의 수요를 증가시키거나 감소시키므로, 인구 고령화의 가속화가 소비지출의 구성을 변동시키는 중요한 원인으로 작용할 수 있다.

⑤ 산업구조의 변동

인구 고령화가 산업구조에 영향을 미칠 수 있는 가장 큰 이유는 앞서 살펴본 바와 같이 인구구조별 선호하는 상품이나 서비스가 다르다는 사실에 기인한다. 즉 인구 고령화의 진전은 고령인구가 선호하는 상품이나 서비스를 생산하는 산업의 비중을 증가시키고, 그렇지 않은 산업의 비중을 상대적으로 감소시킨다. 이종하·황진영(2023)은 인구 고령화로 인해 식료품 및 비주류 음료·주류 및 담배·주택, 수도 및 광열·보건 관련 상품이나 서

---

14) 신관호·한치록(2016)은 우리나라의 가구 자료를 이용하여 가구주의 연령이 증가할수록 식료품 및 비주류 음료, 주거 및 수도 광열, 보건에 대한 소비가 늘어나는 것으로 파악하였다.

비스에 대한 소비지출이 증가하지만, 의류 및 신발·가정용품 및 가사서비스·교통·통신·오락 및 문화·교육 관련 상품이나 서비스에 대한 소비지출은 감소한다고 제시하였다.

김동석(2006)은 인구 고령화와 더불어 의료 및 보건 관련 소비는 증가하지만, 교통 및 통신·식료품·의복·제조업 제품 등의 소비는 줄어들 것으로 분석하였다. 또한 인구 고령화는 젊은 노동자가 상대적으로 줄어드는 노동력 분포의 변동을 초래한다. 즉 젊은 노동력의 감소는 젊은 사람들이 비교우위에 있는 산업의 생산이 줄어들고, 고령인구가 유리한 산업의 생산은 증가하는 형태로 산업구조의 변동을 초래한다. 이는 산업구조의 변동이 노동공급에 영향을 받는다는 전제에 바탕을 둔다. Aubert 등(2006)은 프랑스의 자료를 이용해 신기술 산업의 고용에는 고령인구보다 젊은 노동자의 고용이 상대적으로 많았다고 제시하였는데, 이는 인구 고령화가 혁신산업의 성장에 제약이 될 수 있음을 시사한다.

이처럼 특정 국가의 산업구조는 소비자의 선호(즉 수요측 요인)와 인구구조에 따른 노동공급(즉 공급측 요인)에 의해 영향을 받지만, 수출입의 변화나 기술수준 등에 의해서도 변동할 수 있다. 따라서 인구 고령화가 산업구조의 변동에 미치는 영향을 정확히 예측하기란 불가능하다. 그런데도 김종구(2017)는 1970~2011년의 OECD 27개 국가 간 자료를 이용한 실증분석을 통해 인구 고령화가 경제 전체의 총부가가치와 총고용에서 차지하는 제조업의 비중을 줄이고, 서비스업의 비중을 늘릴 것으로 전망하였다. 특히 김종구(2017)는 제조업 중에서 낮은 기술 부문과 섬유·가죽업의 비중이 크게 하락하며, 서비스업 중에서 사업서비스와 보건·복지의 비중이 대폭 상승할 수 있다고 주장하였다.

또한 인구 고령화는 생산성 향상에 영향을 미쳐 산업구조의 변동을 초래할 수 있다. 김종구(2017)는 우리나라 인구구조의 변화가 제조업(특히 저기술 제조업, 음식료업 등)의 생산성을 상대적으로 낮추고, 서비스업(특히 금융·보험업, 공공행정업, 사업서비스업 등)의 생산성을 높일 것으로 예측하였다. 생산성이 떨어질 것으로 예상되는 산업의 상품과 서비스에 대한 국내 수요는 앞으로 줄어들게 되므로, 해외시장 확대와 같은 보완 방안을 준비해야 한다. 이처럼 인구 고령화는 노동의 수요와 공급 변화를 초래하므로, 정부는 이를 고려하여 산업구조가 효율적으로 개편되도록 유도해야 한다. 따라서 정부와 기업은 인구 고령화에 따른 산업구조의 변동을 반영하는 업종별 장기 인력수급 계획을 적절히 수립해야 한다.

🖥 국가채무의 증가

오늘날 많은 산업화된 국가에서는 저출산과 인구 고령화에 따른 인구구조의 변동으로 인해 국가채무가[15] 급격히 증가하였다. 왜냐하면 인구 고령화는 조세수입의 감소와 정부지출의 증가를 유도해 재정을 악화시켰기 때문이다. 다시 말해 고령인구의 증가는 세원을 감소시켰으며, 연금·건강·사회보장 등의 재정수요를 증대시켜 국가채무를 더욱 증가시켰다. 따라서 특정 국가가 지속 가능한 경제성장을 달성하기 위해서는 인구구조

---

15) 일반적으로 국가의 부채는 포괄범위·산출기준 등에 따라 국가채무, 일반정부 부채 및 공공부문 부채로 분류한다. 황진영(2024)은 국가채무의 정의, 측정 및 우리나라의 추이 등을 제공한다.

의 변동을 고려해 국가채무를 조정할 수 있는 정부의 기능이 원활히 작동해야 한다.

대부분 경제학자는 국가채무의 증가를 경제발전 과정에서 생겨나는 일반적 현상으로 받아들인다. 예를 들어 Cecchetti 등(2011)은 1980~2010년의 OECD 국가 간 자료를 이용하여 특정 국가의 국가채무가 GDP 대비 85% 이하의 수준에서는 경제성장을 견인할 수 있다는 실증분석 결과를 제시하였다. Checherita와 Rother(2010)는 1970년 이후 40년의 12개 유럽 국가 간 자료를 이용해 국가채무가 GDP 대비 90~100% 이상의 수준에 도달할 때 장기적인 경제성장을 방해하는 것으로 파악하였다. 따라서 적정수준의 국가채무는 생산과 소비를 촉진하는 기능을 수행하므로 경제에 긍정적인 영향을 미칠 수 있다. 또한 국가채무가 적정수준 이하에서는 확장적 재정정책이 장기적인 경기침체를 피할 수 있게 하므로 장단기 경제성장에 긍정적인 영향을 미친다.

그러나 경제성장을 견인하는 최적 수준의 국가채무 추정값은 전제조건에 따라 상이하게 관측될 뿐 아니라 국가별 경제사회의 여건에 따라 쉽게 변동할 수 있다. 이는 국가채무의 최적 수준을 정확히 알 수 없으며, 그 수준을 찾으려는 노력 역시 큰 의미가 없을 수 있음을 의미한다. 이에 따라 일련의 선행연구는 국가채무의 증가가 경제성장에 도움이 되는 여건이나 사례를 제시하는 데 집중하였다. 그런데도 오늘날 많은 국가에서는 재정수요가 커짐에 따라 국가채무가 지속해서 증가하고 있으며, 국가채무가 경제성장에 점차 부담으로 작용하고 있다.

특히 조세수입이 생산가능인구의 감소로 인해 현재의 조세제도에서는 앞으로 줄어들게 되므로,[16] 정부지출을 통제하지 않으면 국가채무는 지속해서 증가할 수밖에 없다. 생산가능인구의 과도한 조세부담은 그들의 노후 준비를 어렵게 만들고, 출산의 동기를 줄일 뿐 아니라 그들 자녀에 대한 양육과 교육 지출을 감소시켜 사회적 부담을 증대시킨다. 따라서 우리는 생산가능인구의 감소를 고려한 조세제도와 정부지출, 즉 정부의 역할 조정을 강구해야 한다.[17]

일련의 선행연구는 저출산과 인구 고령화를 고려하면서 앞으로 국가채무를 줄일 방안을 찾으려는 논의를 진행하였다. 예를 들어 이은경(2013)은 건전한 국가 재정을 유지하고 세대 간 부양 부담을 완화하기 위해 고령인구를 노동시장에 적극적으로 참여시켜야 한다고 제시하였는데, 이는 2차 인구배당 효과를 확대하려는 방안이다. 즉 이은경(2013)은 고령인구가 경제활동 참여를 늘림으로써 자산과 저축의 증대를 유도하고, 더 나아가 지속적인 경제성장을 통해 안정적인 세원 확보와 재정건전성을 유지해야 한다고 주장하였다.

또한 황진영(2018)은 국가채무의 악화를 막기 위해 미래 지급해야 하는 미확정 부채(implicit liabilities)와 현재의 재정적자를 줄일 수 있는 과감한 재정정책의 변화(개혁)를 다양한 분야에서 수행해야 한다고 역설하였다.[18]

---

16) 생산가능인구의 노동생산성이 앞으로 충분히 높아져 재정부담 능력이 제고될 때는 조세수입이 감소하지 않을 수 있다.

17) 이는 제4장에서 언급한 국가나 사회의 모든 영역(부문)의 다운사이징(downsizing)을 의미할 수도 있다.

18) 이 절에서는 황진영(2018)이 제시한 국가채무 조정을 위한 구체적인 정책 방안에 관한 설명은 전체적인 일관성을 유지하기 위해 생략한다.

그러므로 우리는 인구 고령화 시대에 지속 가능한 경제(성장)를 위해 안정적인 국가채무의 관리가 무엇보다 중요하다는 사실을 인식해야 한다.

5 생산가능인구 감소 시대의 개혁

이 장의 마무리는 생산가능인구의 감소 시대에 우리가 준비해야 할 개혁 방안들을 검토한다. 즉 우리는 생산가능인구가 감소하는 시대에 살아가고 있으며, 제3장에서 살펴보았듯이 생산가능인구의 감소는 앞으로 더욱 가속화할 것으로 예상된다. 이러한 생산가능인구의 감소가 경제사회에 미칠 부정적 효과를 줄여나가기 위해서는 경제사회 시스템의 변화가 시급히 요구된다. 이 절에서는 우리 사회가 생산가능인구 감소에 대응하기 위해 고려할 수 있는 경제사회 시스템 변화 방안으로 비교적 잘 알려진(선행연구에서 제시된) 몇 가지 사항을 요약하고, 이를 달성하는 데 따른 현실적인 한계점 혹은 어려움을 함께 살펴본다.

생산가능인구의 확충 방안

선행연구에서는 다양한 생산가능인구의 확충 방안을 제시하였는데, 이들 방안이 경제사회 시스템의 변화와 관련되므로 상당한 비용과 함께 장기간의 노력을 요구한다. 여기에서는 선행연구에서 우리나라의 생산가능인구의 확충 방안으로 제시한 다양한 사항들 중에서 비교적 실현 가능성이 높으며 보편적으로 인식되는 퇴직 연령 증가, 생산성 향상 및 이민정책과 지역균형발전을 살펴본다.

고령인구의 퇴직 연령 증가

많은 OECD 국가는 고령인구의 경제활동 참여율을 제고하는 정책을 시행하고 있다. 우리나라는 2017년부터 모든 사업장에 60세 정년을 적용하고 있지만, 일본은 65세 정년 의무화와 70세 정년을 노력 의무, 즉 권장하고 있다. 독일의 정년 의무는 기존 65세에서 2012~29년 동안 67세로 점진적인 연장을 진행하고 있으며, 스페인의 정년 의무는 기존 65세에서 2013~27년 동안 67세로 점진적인 연장을 시행하고 있다. 미국과 영국은 잘 알려진 바와 같이 정년 제한이 없는 국가들이다.[19]

이러한 고령인구의 정년 연령(노동참여) 확대는 세대 간 부양 부담을 줄이고, 생산 증가를 통한 자산과 저축을 늘리며, 조세수입 증가로 재정건전성을 확보하고, 지속적이고 안정적인 경제성장을 유도하는 등 다양한 경제사회 문제점들을 완화할 수 있다. 그러나 정년 연장이 젊은 사람들의 일자리를 빼앗는 형태로 진행될 때는 세대 간 갈등과 충돌을 키워 더 많은 사회적 비용을 지불할 수 있다. 따라서 퇴직 연령의 증가는 젊은 사람들이 꺼리는 산업이나 부문부터 시작해야 하며, 특히 체화된 인적자본이 요구되거나 자본집약적인 분야는 고령인구의 적극적인 활용이 가능하다. 또한 우리는 근무조건·임금제도 등을 합리적으로, 즉 산업·지역·직종 등에 따라 달리 적용하는 형태로 조정함으로써 세대 간 갈등을 줄일 수 있다.

노동생산성 향상

이 책의 여러 군데에서 언급하였듯이, 우리는 저출산과 인구 고령화로 생

---

19) 이상은 국회예산정책처(2021)에 기초하다.

산가능인구가 감소하는 시대에 안정적인 경제성장을 지속하기 위해서는 반드시 노동생산성 향상을 이루어야 한다. 노동생산성 향상(인적자본의 확충)은 현재의 평준화 위주의 교육제도로는 달성하기 어려우므로 시장 중심의 효율적인 교육제도의 개편이 요구된다. 왜냐하면 현재의 교육제도는 생산가능인구가 증가하던 시대부터 이어져 왔으며, 국가의 모든 부문을 다운사이징 해야 하는 시대에는 비효율성이 크게 생겨나기 때문이다. 또한 우리 사회는 기존의 제도나 규칙에 얽매이지 않으면서 노동생산성을 향상하는 방향으로 임금구조·퇴직 연령·고용률·노동시간·근로조건 등을 조정할 수 있어야 한다.

2000년대 이후 많은 OECD 국가는 노동생산성의 하락 추세를 막기 위해 생산의 자동화를 추진하였다. 우리나라의 가계와 기업도 인력을 대체하는 기계를 적극적으로 도입하고 있으며, 인공지능(AI)의 확충을 통해 생산성 향상을 도모하고 있다. 그러나 기계, 인공지능(AI) 및 생산의 자동화는 도입과정에서 비숙련(혹은 비전문) 노동자의 일자리를 줄어들게 만들 가능성이 크다. 이는 생산성 향상을 위한 일종의 비용으로서 부문 간 혹은 지역 간 불평등을 초래하므로, 이러한 문제점을 해소하기 위한 적절한 노력이 동시에 요구된다.

이민정책과 지역균형발전

많은 산업화된 국가는 노동력 확보를 위해 이민정책을 적극적으로 활용하였다. 특히 이민정책은 산업의 경쟁력을 유지하기 위해 대학 이상을 졸업한 이주민 유입을 활성화하는 데 집중하였다. 그러나 이민정책은 노동력 확보와 저출산 제고에 단기적으로 도움을 줄 뿐 상당한 사회적 비용을 창출하였다. 즉 이민자의 증가는 문화·인종·종교 등의 사회적 갈등(원주민과 이민자의 갈등 및 이민자의 국적별 갈등 등)과 충돌에 따른 사회적 비용을 발생시켰다. 따라서 이민정책이 대학 교육·직업 교육 등과 적절히 연계하는 방안을 마련할 수 있을 때 이주민 유입에 따른 사회적 비용을 줄이고, 산업경쟁력을 유지하는 데 필요한 노동력을 확보하게 만든다. 즉 우리 사회는 Harwich(2011)가 언급한 사회통합을 고려한 선별적 이민정책의 강화를 고려할 수 있다.

지역균형발전은 출산율을 높이고 생산가능인구를 증가시키기 위한 유용한 방향이다. 우리나라는 현재 지방에 투자를 증가하거나 공공기관 이전 등의 정책을 사용해 인위적인(비자발적인) 인구이동을 통한 지역발전을 유도하고 있는데, 수도권의 인구가 지방으로 이동하지 않는 지역균형발전은 그 본래의 목적 달성을 기대하기 어렵다.[20] 우리는 인구소멸 지역에 대응하기 위한 행정구역 개편 방안을 마련해야 하며, 중앙정부의 권한을 지방정부에 상당 부분 이양함으로써 지방정부 간의 자유로운 경쟁을 유도해야 한다. 지역균형발전은 지역 간 인구분포를 줄이고, 지방정부가 더 적극적인 출산과 인구정책을 펼칠 수 있도록 유도해 장기적으로 생산가능인구 확충에 도움을 준다.[21]

---

[20] 수도권 인구 분산정책으로는 인위적인(비자발적인) 인구이동을 유도하는 방식과 함께 수도권에 거주하는 비용을 증가시키고 후생을 감소시키는 음(-)의 투자 방식으로 자발적인 인구이동을 유도하는 방식이 있다(황진영·정군오, 2002).

[21] 지방정부 간의 자유로운 경쟁의 촉진은 공공정책의 효율성을 증진시킨다(Arikan, 2004; Tiebout, 1956).

🔢 현실적인 제약과 한계점

지금까지 설명한 우리나라의 생산가능인구 확충 방안, 즉 고령인구의 퇴직 연령 증가, 노동생산성 향상 및 이민정책과 지역균형발전이 본래의 목적을 달성하는 데는 다음과 같은 여러 가지 현실적인 제약과 어려움이 있다.

고령인구의 퇴직 연령 증가

우리가 고령인구의 퇴직 연령을 법으로 증가시킬 수 있다고 할지라도, 퇴직 연령 증가로 인한 생산가능인구 확충이 실효성을 거두기에는 현실적으로 어려울 수 있다. 왜냐하면 우리나라 고령인구의 경제활동 참여율이 이미 높은 수준이기 때문이다. OECD Data는 2020년 기준 우리나라 고령인구(65세 이상)의 경제활동 참여율이 35.3%로 회원국 중에서 가장 높은 수준으로 제시하는데, 이는 OECD 국가의 평균인 15.5%의 약 2배에 해당한다.

또한 OECD(2019)는 2013~18년의 평균 '실질 은퇴연령'(effective retirement age, 이는 "40세 이상 노동자의 평균 은퇴연령"으로 정의함)이 남성은 65.4세이고 여성은 63.7세이지만, 우리나라는 남녀 모두 72.3세로 OECD 국가의 평균보다 남성은 6.9세 여성은 8.6세 높다. 그러나 "연금을 손실 없이 받을 수 있는 나이"인 '정상 은퇴연령'(normal retirement age)은 61세로 전체 회원국 중 35위이다(국회예산정책처(2021) 재인용). 즉 우리나라 노동자는 연금 수령이 가능한 연령이 지나서도 평균적으로 약 11년을 더 일하는 것으로 나타났다.

이상의 자료는 우리나라의 상당수 고령인구가 연금 혜택을 충분히 받지 못하고 있으며, 법적 정년이 60세임을 고려할 때 자신들이 전문성을 쌓아온 직종이 아닌 다른 직종에서 일을 지속하고 있음을 반영한다. 이러한 현실은 노인 인구의 상대적 빈곤율, 즉 "중위소득 50%의 빈곤선 기준"과 맞물려 있다. 통계청은 노인 인구의 상대적 빈곤율이 2022년의 처분가능소득 기준 38.1%, 시장소득 기준 57.1%로 OECD 국가 중에서 가장 높은 수준이라고 밝히고 있다. 또한 OECD(2023)는 우리나라 고령인구의 상대적 빈곤율이 2020년 기준 40.4%로, OECD 국가의 평균인 14.2%보다 3배 가까이 높은 수준으로 제시하였다.

이처럼 우리나라 고령인구의 경제활동 참가율이 이미 상당히 높은 수준이며, 대부분이 생산성 향상에 크게 기여하지 못하는 직종에 집중되고 있다. 이러한 현상은 우리나라의 ① 연금제도가 발달 과정에 있다는 사실과 ② 개인주의적 성향·저출산·1인 가구의 증가 등 가족 형성의 변동을 반영한다. 황남희(2021)는 고령인구가 대부분 생계비 마련(73.9%)이나 용돈 마련(7.9%) 등의 경제적인 이유로 경제활동에 참여한다고 설명하였다. 그러므로 고령인구의 퇴직 연령의 증가는 실질적인 경제활동 참여율을 늘리고 생산성 향상을 도모하는 방향으로 산업별·지역별·직종별 등의 특성을 고려해서 이루어져야 한다.

노동생산성 향상
노동생산성은 통상적으로 "특정 노동자가 주어진 시간 동안 생산하는 상품과 서비스의 양"으로 측정되는데, 이는 노동의 투입만으로 결정되는 것이 아니라 자본·노동·기술수준·경영능력 등 복합적 요소들로 나타난 결과이다. 기계나 인공지능(AI)의 확충이 노동생산성을 증가시키지만, 인구 고령화는 대체로 노동생산성을 떨어뜨린다. 국회예산정책처(2020)는 사업체 패널자료를 활용하여 1인당 기계장치 유형자산(자동화의 대리변수)이 증가할 때 1인당 매출액(생산성의 대리변수)이 0.094% 증가하고, 고령 노동자의 비중이 1% 증가할 때 1인당 매출액은 0.088% 감소하는 것으로 분석하였다. 즉 오늘날 급속히 진행되는 인구 고령화는 노동생산성 향상에 제약으로 작용할 수 있다.

〈표 5-3〉은 양서영(2018)이 제공한 것으로 2001~07년과 2008~17년의 우리나라 연평균 실질 GDP 성장률의 변동 요인을 분해한 결과이다. 2008~17년의 연평균 실질 GDP 성장률(3.1%)이 2001~07년의 경우(4.9%)보다 1.8% 포인터 하락하였는데, 노동생산성은 그보다 큰 2.2% 포인터 (4.8%→2.6%) 감소하였다. 즉 〈표 5-3〉은 연평균 실질 GDP 성장률 감소의 대부분이 노동생산성 하락에 기인하며, 노동생산성 향상이 단기간에 달성하기 어렵다는 사실을 보여준다. 또한 우리나라의 노동생산성은 자본

표 5-3 연평균 실질 GDP 성장률의 변동 요인 분해

(단위 : %)

	2001~07년(A)	2008~17년(B)	B-A
실질 GDP	4.9	3.1	-1.8
노동생산성	4.8	2.6	-2.2
1인당 근로시간	-1.2	-0.6	0.6
고용률	0.6	0.4	-0.2
생산가능인구	0.7	0.7	0.0

출처 : 양서영(2018)

이나 기술수준 등에 영향을 받으므로 산업별·기업규모별 격차가 상당히 크다는 특징이 있다. 양서영(2018)은 2015년 기준 제조업 대비 서비스업의 노동생산성 비율은 51%, 제조업 내에서 대기업 대비 중소기업의 노동생산성 비율은 32%에 불과하다고 제시하였다.

이처럼 노동생산성 향상은 인구 고령화 시대에 달성하기 어려울 뿐만 아니라 상당한 시간이 요구된다. 왜냐하면 노동생산성은 경제 전반의 경기 동향이나 산업구조 등에 영향을 받으며, 장기적으로 기술진보·인구구조·제도와 정책·연구개발(R&D) 투자 등 다양한 요인에 영향을 받기 때문이다. 따라서 우리는 앞으로 생산성 향상을 위해 한계기업(산업)의 구조조정과 시장경쟁을 강화하는 방향으로 정책을 실현하고, 유망산업의 전문인력을 양성하기 위해서도 노력해야 한다.

이민정책과 지역균형발전

이민정책은 저출산과 노동력 확보를 위한 단기적인 정책으로 유용할 수 있지만, 이민자의 의식이나 문화는 시간이 흐를수록 적응 과정을 걸쳐 우리 사회에 동화되므로 출산 제고 효과는 제한적이다. 또한 산업경쟁력을 확보하기 위해서는 기술이 체화된 인적자본의 유입을 확대해야 하는데, 이는 시간이 소요될 뿐 아니라 학교교육·직장교육 등을 강화해야 하는 사회적 비용을 창출하며 산업화된 국가 간의 경쟁으로 인해 단기간에 달성하기도 어렵다.

더욱이 지역균형발전은 수도권의 인구가 지방으로 이동해야 그 본래의 목적을 달성할 수 있지만, 이는 여러 가지 현실적인 한계로 쉽지 않은 과

제로 남아 있다. 우리는 대부분 기업·금융기관·방송사·대학 등이 수도권에 집중된 현 상황에서 최근 수년간 진행하고 있는 인위적인(비자발적인) 인구이동을 유도하는 방식으로 지역균형발전을 달성하기는 불가능할 것으로 여겨진다. 따라서 지역균형발전은 과감한 행정구역 개편과 중앙정부의 권한을 상당 부분 지방정부에 이양해야 하는 전제조건이 요구된다.

종합

우리는 생산가능인구를 확충하기 위해 경제사회 시스템을 조정하고 변동하는 과정에서 여러 가지 난관에 부딪힐 수 있음을 인식해야 한다. 예를 들어 정년 연장은 세대 간 갈등, 고용시장의 시장 중심 개편은 계층 간 갈등, 산업구조의 변화는 기득권자들의 반발 등 쉽지 않은 문제점들이 내재되어 있다. 이는 우리 사회가 다양한 형태의 교육과 문화의 성숙도를 높여 사회자본과 사회역량을 강화하기 위한 노력을 병행해야 함을 시사한다. 왜냐하면 사회자본이나 사회역량이 높은 사회에서는 거래비용(transaction cost)을 줄여 이상의 갈등과 충돌이 감소할 수 있기 때문이다.[22] 또한 합리적인 경제사회 시스템으로의 개혁이 성공하기 위해서는 제도나 규칙을 악용하려는 계층이나 기업 등이 없어야 하므로 정부나 시민단체의 예방·관리·감독이 더욱 중요해진다.

---

[22] 이 점에 관해서는 상당한 양의 선행연구에서 언급하였다(예를 들어 Akdede 등, 2023; Newton, 2001).

참고문헌

Ⅰ. 국내 문헌

고원식, "출신국가별 합계출산율이 결혼이민여성의 출산력에 미치는 영향," 『응용경제』, 제21권 3호, 2019, pp. 41-68.

곽승영, "한국의 고령화와 가계저축률," 『한국 인구고령화의 경제적 효과 세미나』, 한국경제연구원, 2004.

국회예산정책처, 『2020 NABO 장기 재정전망』, 2020.

국회예산정책처, 『인구구조 변화가 경제성장에 미치는 영향 분석』, 나보프리핑 제116호, 2021.

국회예산정책처, 『인력고령화 및 자동화가 노동생산성에 미치는 영향』, NABO 경제·산업동향&이슈, 제9호, 2020.

기획재정부, 『월간 재정동향 및 이슈』, 2022년 4월호.

김동석, "인구구조 고령화와 소비구조," 『한국개발연구』, 제28권 2호, 2006, pp. 1-50.

김민영·황진영, "주택가격과 출산의 시기와 수준: 우리나라 16개 시도의 실증분석," 『보건사회연구』, 제36권 1호, 2016, pp. 118-142.

김선엽, 『초저출산·초고령사회 위험과 사회갈등』, 연구보고서 2014-22-1-7, 한국보건사회연구원, 2014.

김용진·이철인, "고령화에 의한 인구증가와 경제성장의 장기적 메커니즘," 『한국경제의 분석』, 제19권 1호, 2013, pp. 1-59.

김유선, "저출산과 청년 일자리," KLSI Issue Paper, 한국노동사회연구소, 2016.

김종구, 『인구고령화에 따른 우리나라 산업구조 변화』, BOK 경제연구, 제2017-28호, 한국은행 경제연구원, 2017.

박은태·전광희 역, 『인구학 입문』(*La Demographie*, Jean-Claude Chesnais 지음), 파주: 경연사, 2017.

박진백, "주택가격과 사교육비가 합계출산율에 미치는 영향과 기여율 추정에 관한 연구," 『사회보장연구』, 제37권 4호, 2021, pp. 65-92.

박하일·박창귀, "우리나라 인구구조 변화와 정책과제," 『한국경제의 분석』, 제23
권 2호, 2017, pp. 47-87.

박형수·홍승현, 『고령화 및 인구 감소가 재정에 미치는 영향』, 연구보고서 11-10,
한국조세재정연구원, 2011.

보건복지부, 『2021년도 지방자치단체 출산 지원정책 사례집』, 2022.

서미숙, "주택가격 변화에 따른 여성 출산율에 관한 연구," 『여성경제연구』, 제10
집 1호, 2013, pp. 63-79.

서정아 역, 『인구의 힘』(*The Human Tide*, Paul Morland 지음), 서울: 미래의
창, 2020.

신관호·한치록, "고령화 및 소득변화가 소비구조에 미치는 영향," 『사회과학연
구』, 제23집 1호, 2016, pp. 7-24.

안병권·김기호·육승환, 『인구고령화가 경제성장에 미치는 영향』, BOK 경제연구
제2017-21호, 한국은행 경제연구원, 2017.

양서영, "우리나라 노동생산성 향상의 제약요인 및 제고방안," 『산은조사월보』,
제754호, KDB 미래전략연구소, 2018, pp. 43-62.

위영, "기록으로 읽는 '인구정책' 어제와 오늘," 기록의 발견, 국가기록원, 2011.

이근태·이지선, "생산가능인구 감소 시대의 경제성장과 노동시장," LG 경영연구
원 REPORT, 2017.

이명재·남상호, 『현대 경제변동론』, 서울: 박영사, 2003.

이상호·이상헌, "저출산·인구고령화의 원인에 관한 연구: 결혼결정의 경제적 요
인을 중심으로," 『금융경제연구』, 한국은행 금융경제연구원, 2010.

이소영·임지영·이철희·김경배, 『출산과 사망에 대한 거시변수 영향 분석』, 연구
보고서 2023-07, 한국보건사회연구원, 2023.

이은경, 『고령인구 고용이 재정에 미치는 영향』, 연구보고서 13-11, 한국조세재
정연구원, 2013.

이재희·박진백, "주택가격과 주택공급이 출산율에 미치는 영향: 서울시를 중심으로," 『한국생활과학회지』, 2020, 제29권 5호, pp. 765-776.

이종하·황진영, "고령화에 따른 소비지출의 변동," 『재정정책논집』, 제25권 4호, 2023, pp. 121-144.

이종화, "인구가 감소하는 성장모형과 한국 경제에의 적용," 『경제학연구』, 제71집 1호, 2023, pp. 5-38.

이철희, "지역 일자리 질이 결혼과 출산에 미치는 효과: 제조업 고용 비율의 영향," 『한국경제연구』, 제41권 2호, 2023, pp. 5-33.

이철희·김태훈, "경기침체는 건강에 이로운가? 1991년-2009년 한국의 실업률과 사망률," 『한국경제의 분석』, 제17권 3호, 2011, pp. 131-182.

이현훈·이영련·허현승, "인구구조의 변화가 경제성장에 미치는 효과," 『경제발전연구』, 제14권 2호, 2008, pp. 27-51.

정동재, "인구 고령화에 따른 경제주체들의 생애주기 소비변화 분석," 『조사통계월보』, 제76권 2호, 2022, pp. 16-30.

정욱영·신범철·김병준, "인구고령화가 소비지출에 미치는 영향에 관한 실증연구: 연령대별 비교 분석," 『아태연구』, 제28권 4호, 2021, pp. 83-105.

정현상, "경기변동과 성별, 연령별 취업자 수 변화," 『노동리뷰』(2017년 4월호), 2017, pp. 126-137.

조대헌·이상일, "이지역 코호트-요인법을 이용한 부산광역시 장래 인구 추계," 『대한지리학회지』, 제46권 2호, 2011, pp. 212-232.

최공필·남재현, 『인구고령화의 경제적 영향 및 시사점』, 한국금융연구원, 2005.

최필선·민인식, "청년층의 취업과 임금이 결혼이행에 미치는 영향: 이산시간 해저드 모형의 응용," 『한국인구학』, 제38권 2호, 2015, pp. 57-83.

통계청, "2022년 국제인구이동통계," 보도자료(2023년 7월 13일), 2023.

통계청, "2023년 출생·사망통계(잠정)," 보도자료(2024년 2월 28일), 2024.

하준경, "저출산의 경제적 요인 분석: 소득불평등 및 교육비 부담과의 관계를 중심으로," 『사회경제평론』, 제39호, 2012, pp. 137-174.

황남희, "노인의 경제활동과 경제 수준," 『보건복지포럼』, 제300호, 2021, pp. 7-21.

황진영, "고령화시대의 지속가능한 국가채무에 대한 탐색적 연구," 『예산정책연구』, 제7권 1호, 2018, pp. 1-23.

황진영, "여성의 경제활동참가, 노동시장의 불안정성 및 합계출산율: 국가 간 실증분석," 『재정정책논집』, 제15권 1호, 2013a, pp. 81-105.

황진영, 『경제성장의 정치경제학』(제3판), 서울: 도서출판 학림, 2016.

황진영, 『정부와 재정지출』, 대전: 글누리, 2024.

황진영, 『출산의 결정요인』, 서울: 도서출판 학림, 2023.

황진영, 여성의 경제활동참가가 출산의 시기 및 수준에 영향을 미쳤는가?: 국가 간 실증분석," 『보건사회연구』, 제33권 3호, 2013b, pp. 361-384.

황진영·이종하, "한국에서 여성의 고용, 출산 및 성장 간의 상호관련성: 16개 시도의 패널자료를 이용한 실증분석," 『경제연구』, 제30권 3호, 2012, pp. 19-43.

황진영·정군오, "사회적 관계와 대도시 인구집중," 『지역연구』, 제18권 2호, 2002, pp. 55-70.

황진영·정군오·임응순, "인구구조와 교육의 질," 『산업경제연구』, 제21권 5호, 2008, pp. 1925-1946.

II. 외국 문헌

Abel, A. B., B. B. Bernanke and D. Croshore, *Macroeconomics*, 7th ed., London: Pearson Education, 2011.

Ahn, N. and P. Mira, "Labor Force Participation and Retirement of Spanish Older Men: Trends and Prospects," FEDEA Working

Paper, 2000.

Akdede, S. H., J. Hwang and N. Keyifli, "Dominant Religion, Radical Right-Wing, and Social Trust: An Empirical Investigation," *Journal of Economy Culture and Society*, Vol. 67, 2023, pp. 21-34.

Aksoy, Y., H. S. Basso, R. P. Smith and T. Grasl, "Demographic Structure and Macroeconomic Trends," *American Economic Journal: Macroeconomics*, Vol. 11, 2019, pp. 193-222.

Altinok, N. and H. Murseli, "International Database on Human Capital Quality," *Economics Letters*, Vol. 96, 2007, pp. 237-244.

Anderson, D., D. P. Botman and B. L. Hunt, "Is Japan's Population Aging Deflationary?" IMF Working Papers WP/14/139, 2014, IMF.

Arikan, G. G., "Fiscal Decentralization: A Remedy or Corruption?" *International Tax and Public Finance*, Vol. 11, 2004, pp. 175-195.

Aubert, P., E. Caroli and M. Roger, "New Technologies, Organisation and Age: Firm-Level Evidence," *Economic Journal*, Vol. 116, 2006, pp. F73-F93.

Auerbach, A. J. and L. J. Kotlikoff, "The Impact of the Demographic Transition on Capital Formation," *Scandinavian Journal of Economics*, Vol. 94, 1992, pp. 281-295.

Autor, D., D. Dorn and G. Hanson, "When Work Disappears: Manufacturing Decline and the Falling Marriage-Market Value of Men, *American Economic Review: Insights*, Vol. 1, 2019, pp. 161-178.

Barro, R. and J.-W. Lee, "International Data on Educational Attainment: Updates and Implications," *Oxford Economic Papers*, Vol. 53,

2001, pp. 541-563.

Barro, R. and J.-W. Lee, *Education Matters: Global Schooling Gains from the 19th to the 21st Century*, Oxford: Oxford University Press, 2015.

Barro, R. and X. Sala-i-Martin, *Economic Growth*, 2nd ed., Cambridge: MIT Press, 2003.

Becker, G. S., "An Economic Analysis of Fertility," *Demographic and Economic Change in Developed Countries*, New York: Columbia University Press, 1960, pp. 209-240.

Bloom, D. E. and J. G. Williamson, "Demographic Transitions and Economic Miracles in Emerging Asia," *World Bank Economic Review*, Vol. 12, 1998, pp. 419-455.

Bloom, D. E., "Population 2020," *Finance & Development*, IMF, 2020, pp. 5-9.

Börsch-Supan, A., "Labor Market Effects of Population Aging," *Labour*, Vol. 17, 2003, pp. 5-44.

Bratsberg, B. and D. Terrell, "School Quality and Returns to Education of US Immigrants," *Economic Inquiry*, Vol. 40, 2002, pp. 177-198.

Brewster, K. L. and R. R. Rindfuss, "Fertility and Women's Employment in Industrialized Nations," *Annual Review of Sociology*, Vol. 26, 2000, pp. 271-296.

Castles, F. G., *The Future of the Welfare State*, Oxford: Oxford University Press, 2004.

Cecchetti, S. G., M. S. Mohanty and F. Zampolli, "The Real Effects of Debt," BIS Working Papers No. 352, 2011.

Checcherita, C. and P. Rother, "The Impact of High and Growing Government Debt on Economic Growth: An Empirical Investigation for the Euro Area," ECB Working Paper No. 1237, 2010.

Cigno, A., "Children and Pensions," *Journal of Population Economics*, Vol. 5, 1992, pp. 175-183.

Daniele, F., T. Honiden and A. C. Lembcke, "Ageing and Productivity Growth in OECD Regions: Combatting the Economic Impact of Ageing through Productivity Growth?" OECD Regional Development Working Papers 2019/08, 2019.

de la Croix, D. and M. Doepke, "Public versus Private Education Where Differential Fertility Matters," *Journal of Development Economics*, Vol. 73, 2004, pp. 607-629.

Deevey, E. S. Jr., "The Human Population," *Scientific American Magazine*, Vol. 203, 1960, pp. 194-205.

Dettling, L. J. and M. S. Kearney, "House Prices and Birth Rates: The Impact of the Real Estate Market on the Decision to Have a Baby," *Journal of Public Economics*, Vol. 110, 2014. pp. 82-100.

Doepke, M. and D. de la Croix, "Inequality and Growth: Why Differential Fertility Matters," *American Economic Review*, Vol. 93, 2003, pp. 1091-1113.

Doepke, M., A. Hannusch, F. Kindermann and M. Tertilt, "The Economics of Fertility: A New Era," *Handbook of the Economics of the Family*, Vol. 1, 2023, pp. 151-254.

Easterlin, R. A., *Population, Labor Force, and Long Swings in Economic Growth: The American Experience*, New York: Columbia University Press, 1968.

Estrada, G., D. Park and A. Ramayandi, "Population Aging and Aggregate

Consumption in Developing Asia," ADB Economics Working Paper Series No. 282, 2011.

Goerres, A., *The Political Participation of Older People in Europe: The Greying of Our Democracies*, Basingstoke: Palgrave Macmillan, 2009.

Gomme, P., R. Rogerson, P. Rupert and R. Wright, "The Business Cycle and the Life Cycle," *NBER Macroeconomics Annual*, Vol. 19, 2004, pp. 415-461.

Hanushek, E. A. and D. D. Kimko, "Schooling, Labor-Force Quality, and the Growth of Nations," *American Economic Review*, Vol. 90, 2000, pp. 1184-1208.

Hanushek, E. A., G. Schwerdt, S. Wiederhold and L, Woessmann, "Returns to Skills around the World: Evidence from PIAAC," *European Economic Review*, Vol. 73, 2015, pp. 103-130.

Harper, J. C., K. Hammarberg, M. Simopoulou, E. Koert, J. Pedro, N. Massin, A. Fincham and A. Balen, "The International Fertility Education Initiative: Research and Action to Improve Fertility Awareness," *Human Reproduction Open*, Vol. 2021, hoab031, https://doi.org/10.1093/hropen/hoab031, 2021.

Hartwich, O. M., *Selection, Migration and Integration: Why Multiculturalism Works in Australia (And Fails in Europe)*, CIS Policy Monograph 121, Centre for Independent Studies, 2011.

Hill, M. J., "Love in the Time of the Depression: The Effect of Economics Conditions on Marriage in the Great Depression," *Journal of Economic History*, Vol. 75, 2015, pp. 163-189.

Hopenhayn, H., J. Neira and R. Singhania, "From Population Growth to Firm Demographics: Implications for Concentration, Entrepreneurship and the Labor Share," *Econometrica*, Vol. 90, 2022, pp. 1879-1914.

Horioka, C. J., "A Cointegration Analysis of the Impact of the Age Structure of the Population on the Household Saving Rate in Japan," *Review of Economics and Statistics*, Vol. 79, 1997, pp. 511-516.

Hwang, J. and J. H. Lee, "Women's Education and the Timing and Level of Fertility," *International Journal of Social Economics*, Vol. 41, 2014, pp. 862-874.

Hwang, J., K.-O. Jung and D. K. Kang, "A Simple Test on the Convergence of Social Security Transfer in OECD Countries," *Social Science Journal*, Vol. 46, 2009, pp. 800-805.

Jaimovich, N. and H. E. Siu, "The Young, the Old, and the Restless: Demographics and Business Cycle Volatility," *American Economic Review*, Vol. 99, 2009, pp. 804-826.

Joshi, S. and T. P. Schultz, "Family Planning As an Investment Development: Evaluation of a Program's Consequences in Matlab, Bangladesh," Economic Growth Center Discussion Paper No. 951, Yale University, 2007.

Kelley, A. C., "Population Pressures, Saving, and Investment in the Third World: Some Puzzles," *Economic Development and Cultural Change*, Vol. 36, 1988, pp. 449-464.

Keyfitz, N., "The Growing Human Population," *Scientific American*, Vol. 261, 1989, pp. 118-127.

Kiser, C. and P. K. Whelpton, "Resume of the Indianapolis Study of Social and Psychological Factors Affecting Fertility," *Population Studies*, Vol. 7, 1953, pp. 95-110.

Kögel, T., "Did the Association between Fertility and Female Employment within OECD Countries Really Change its Sign?" *Journal of Population Economics*, Vol. 17, 2004, pp. 45-65.

Kremer, M., "Population Growth and Technological Progress: One Million B.C. to 1990," *Quarterly Journal of Economics*, Vol. 108, 1993, pp. 681-716.

Lee, C. and K. Kim, "Changing Relationship between Unemployment and Mortality in South Korea," *Health Economics*, Vol. 26, 2017, pp. 1630-1636.

Lee, J. H., E. Lim and J. Hwang, "Panel SVAR Model of Women's Employment, Fertility, and Economic Growth: A Comparative Study of East Asian and EU Countries," *Social Science Journal*, Vol. 49, 2012, pp. 386-389.

Lee, J.-W. and R. Barro, "Schooling Quality in a Cross Section of Countries," *Economica*, Vol. 38, 2001, pp. 465-488.

Leibenstein, H., "The Economic Theory of Fertility Decline," *Quarterly Journal of Economics*, Vol. 89, 1975, pp. 1-31.

Lovenheim, M. F. and K. J. Mumford, "Do Family Wealth Shocks Affect Fertility Choices? Evidence from the Housing Market," *Review of Economics and Statistics*, Vol. 95, 2011, pp. 464-475.

Lucas, R. E. Jr., "On the Mechanics of Economic Development," *Journal of Monetary Economics*, Vol. 22, 1988, pp. 3-42.

Maddison, A., *The World Economy: A Millennial Perspective*, OECD Development Centre, 2001.

Malthus, T., *An Essay on the Principal of Population,* London: Printed for J. Johnson in St. Paul's Church-Yard, 1789.

Mason, A., "Demographic Transition and Demographic Dividends in Developed and Developing Countries," United Nations Expert

Group Meeting on Social and Economic Implications of Changing Population Age Structures, 2005.

Matysiak, A., "Employment First, Then Childbearing: Women's Strategy in Post-Socialist Poland," *Population Studies*, Vol. 63, 2009, pp. 253-276.

Mauldin, P. W. and B. Berelson, "Conditions of Fertility Decline in Developing Countries, 1965-75," *Studies in Family Planning*, Vol. 9, 1978, pp. 89-147.

McInerney, M. and J. M. Mellor, "Recessions and Seniors' Health, Health Behaviors, and Healthcare Use: Analysis of the Medicare Current Beneficiary Survey," *Journal of Health Economics*, Vol. 31, 2012, pp. 744-751.

Mincer, J., "Market Prices, Opportunity Costs, and Income Effects," Christ, C. ed., *Measurement in Economics*, Palo Alto: Stanford University Press, 1963, pp. 67-82.

Newton, K., "Trust, Social Capital, Civil Society, and Democracy," *International Political Science Review*, Vol. 22, 2001, pp. 201-214.

OECD, *Pension at a Glance 2019*, 2019.

OECD, *Pension at a Glance 2023*, 2023.

Poterba, J. M., "Demographic Structure and the Political Economy of Public Education," *Journal of Policy Analysis and Management*, Vol. 16, 1997, pp. 48-66.

Ramey, G. and V. A. Ramey, "Cross-Country Evidence on the Link between Volatility and Growth," *American Economic Review*, Vol. 85, 1995, pp. 1138-1151.

Rindfuss, R. R., K. B. Guzzo and S. P. Morgan, "The Changing

Institutional Context of Low Fertility," *Population Research and Policy Review*, Vol. 22, 2003, pp. 411-438.

Romer, P. M., "Endogenous Technological Change," *Journal of Political Economy*, Vol. 98, 1990, pp. S71-S102.

Ruhm, C. J., "Are Recessions Good for Your Health?" *Quarterly Journal of Economics*, Vol. 115, 2000, pp. 617-650.

Ruhm, C. J., "Recessions, Healthy No More?" *Journal of Health Economics*, Vol. 42, 2015, pp. 17-28.

Santos, C. and D. Weiss, "Why Not Settle Down Already? A Quantitative Analysis of the Delay in Marriage," *International Economic Review*, Vol. 57, 2016, pp. 425-452.

Schaller, J., "For Richer, If Not for Poorer? Marriage and Divorce over the Business Cycle," *Journal of Population Economics*, Vol. 26, 2013, pp. 1007-1033.

Schofield, R. S. and E. A. Wrigley, "Population and Economy: From the Traditional to the Modern World," *Journal of Interdisciplinary History*, Vol. 15, 1985, pp. 561-569.

Shirakawa, M., "Demographic Changes and Macroeconomic Performance: Japanese Experiences," *Monetary and Economic Studies*, Bank of Japan, Vol. 30, 2012, pp. 19-38.

Solow, R. M., "A Contribution to the Theory of Economic Growth," *Quarterly Journal of Economics*, Vol. 70, 1956, pp. 65-94.

Sullivan, D. and T. von Wachter, "Job Displacement and Mortality: An Analysis Using Administrative Data," *Quarterly Journal of Economics*, Vol. 124, 2009, pp. 1265-1306.

Swan, T. W., "Economic Growth and Capital Accumulation," *Economic Record*, Vol. 32, 1956, pp. 334-361.

Takayama, N. and M. Werding, *Fertility and Public Policy: How to Reverse the Trend of Declining Birth Rates*, 2011 CESifo Seminar Series, Cambridge: MIT Press, 2011.

Tiebout, C., "A Pure Theory of Local Expenditures," *Journal of Political Economy*, Vol. 64, 1956, pp. 416-424.

United Nations, United Nations Population Fund, *Population Report 2023*, 2023.

United Nations, *World Population Ageing 2023: Challenges and Opportunities of Population Ageing in the Least Developed Countries*, 2024a.

United Nations, *World Population Prospects 2019*, 2019.

United Nations, *World Population Prospects 2022*, 2022.

United Nations, *World Population Prospects 2024*, 2024b.

Wang, P., C. K. Yip and C. A. Scotese, "Fertility Choice and Economic Growth: Theory and Evidence," *Review of Economics and Statistics*, Vol. 46, 1994, pp. 255-266.

Weil, D. N., *Economic Growth*, 3rd ed., London: Routledge, 2012.

Willis, R. J., "A New Approach to the Economic Theory of Fertility Behavior," *Journal of Political Economy*, Vol. 81, 1973, pp. 14-64.

Zhang J., J. Zhang and R. Lee, "Rising Longevity, Education, Saving, and Growth," *Journal of Development Economics*, Vol. 70, 2003, pp. 83-101.

Ⅲ. 웹사이트

국가기록원 인구정책(https://theme.archives.go.kr/next/populationPolicy/viewMain.do)

국제연합 경제사회국(UN, Department of Economic and Social Affairs, Population Division, WPP Home, https://population.un.org/wpp/Download/Standard/CSV)

보건복지부(https://www.mohw.go.kr/)

세계은행(World Bank, http://www.worldbank.org)

위키백과(https://ko.wikipedia.org)

통계청 국가통계포털(http://kosis.kr)

한국민족문화대백과사전(https://encykorea.aks.ac.kr)

OECD Data(https://www.oecd.org/en/data.html)

찾아보기